U0512755

与青春的漫长告别

重拾晚熟的
艺术

THE END OF
ADOLESCENCE

The Lost Art
of
Delaying Adulthood

[美]
南希·E. 希尔
Nancy E. Hill

亚历克西丝·雷丁
Alexis Redding

———

著

方琪
———

译

格致出版社　上海人民出版社

推荐序　晚熟的技艺，残酷的自由

"晚熟"，既是奢侈的，又是残酷的。

成长的"奥德赛期"

说其奢侈，因为"青春""青少年"是一个晚近的概念，是人类进入现代、进入工业化时期才出现的生命周期。在这之前，生命中只有两种状态——"成年"与"未成年"，"未"是"没有""尚未"，"成年"是一个名词——一个时间点，一个目标，未到成年（生理意义），还没有成年的样子（社会期待与文化要求）。

成长与成熟变成一个动词，或者说一个动名词，成为一种生命状态，意味着探索，可以走不同的路，这是奢侈的。在传统乡土社会，有的是经验的重复以及历世不移中对时间的淡忘，如同戏台，不同的世代却演着同一出戏，每一代的生活等于开映同一影片，"大家都在同一环境里，走同一道路；他先走，你后走；所走的所踏的是先走的人的脚印，口口相传，不会有遗漏"。①

"历世不移"的稳定被现代化打破了，时间成为重要的维度，它意味着变化、差异、冲突，时间中的速度粉碎了一切凝固的、成型的、大块的东西，纷至沓来的巨量碎片、充满诱惑的新奇、轻重含混的变调，又结结实实、密不透风地裹挟着每一个人，语调既高昂又轻盈：你可以自我创造！迷人的修辞后有强硬的逻辑：你必须跟上时间的节奏；当然，还有被遮掩的事实：这节奏快速旋转且粉碎一切……那么，你如何立身？如何处世？

《纽约时报》的知名评论者戴维·布鲁克斯（David Brook）于2007年10月在《国际先驱论坛报》撰文提出"奥德赛期"（the Odyssey years）这一概念。它处于青少年与成年之间，以古希腊神话中的奥德赛命名，意味着尝试、选择、徘徊、游荡：进入学校或者离开校园；与朋友同居或赖在父母家里；恋爱或者失恋；尝试一份工作或者换另一份工作……

父母的担忧日甚，他们认为这一时期是子女从学生生活转换到成人生活的"一跳"。而这"一跳"所经历的时间却不断挑战父母乃至传统社会所能理解与接受的限度：五年？七年？——这漫长的"一跳"飘浮在空中，人们难以判定何时能落下来。由此，一切都推迟了——准确地说是耽误了：稳定的职业、结婚与生育的节奏都变得与过去不同。不同的社会与文化对"成年"的理解虽有差异，但却有一些基本的标准。譬如，在出生于1964年以前的美国人看来，"成年"意味着从家里搬出去、经济独立、结婚组建自己的家庭。在

---

① 费孝通：《乡土中国 生育制度》，北京大学出版社1998年5月第1版，第22页。

20 世纪 60 年代，大约有 70% 的 30 岁美国人能达到这些指标；但到
2000 年，只有不及 40% 的 30 岁美国人达到这个意义上的成年。

普林斯顿大学的罗伯特·伍斯诺（Robert Wuthnow）在其价值
甚巨的著作《婴儿潮之后》中指出：年轻人在一个严格的童年环境
中成长，毕业后却进入一个不确定的、多样化的情境，经历不断地
寻找、笨拙地尝试。旧的通道不再顺畅，新的规范尚未建立，凡事
都让位给缺乏远见本身。传统人生的重要事件、传统文化的重要习
俗，均被这一代人重新演绎：网络照片与交流替代了面对面的相亲
与约会，同居替代结婚，写博客取代了读报纸……

流动精神已经重塑这一代人、重塑这一生命时期，身处此间的
年轻人，一方面其生活中充满即兴演出，另一方面却又松弛、懒散。

一方面，习俗的要求、社会的期待、文化的惯习，被动摇、被
挑战、被忽视；另一方面，父母与所谓的成人社会，欣赏与疑惑、
错愕与麻木——人与人之间，有具体的牵挂；代与代之间，却出现
了整体断裂，彼此难以抵达。

"奥德赛期"，是命运馈赠的自由时空，也是强制性的延迟；是
选择的实验，是拣选的残酷，也是诱惑中的溃烂。

流动的技艺

推迟成熟，如何保持新鲜，保持选而不择，保持流动的自由？
这需要流动的技艺。

"arts" 在此译为"艺术"，只描绘了明亮光鲜的一面，凸显了创
造生活风格中的审美；但它还有黯淡粗粝的一面，技艺是需要反复

练习与捶打的，所捶打的不仅是对象化的事与物，更是自身：即兴演出又如何日复一日？在这场绵延的"生命秀"中，他们或用自己的时间和生命，摸索生活的风格；或脚步零乱，在命运的淬炼中，用碎片竭力拼凑生活的图景。

费孝通解"学习"一词，"学"是与陌生事物的最初接触，"习"是反复地做，在大大小小日常的磨练中陶冶出习性，它是在陌生中建立起熟悉与亲切。流动的技艺又充满悖论：时时熟悉又处处陌生，既叛逆又遵从；既参与又旁观，外表松弛内里紧张；看似随和自然，又边界分明——成熟远非耳濡目染，水到渠成，而是时刻警惕，保持自身的节律。这是其特有的严酷。

本书的视角向下，却不是居高临下、"爹味儿"十足的"应然"说教，也非成年人事后回溯时的释然：那点事儿，"那算啥"……它有极强的代入感，能体察到成长中的破绽，甚至疼痛；青年的成长当然不是丝滑的，自由下面有悬空的不安，流动的推迟中不乏焦虑。

它的笔调虽平实，细读却透着冷峻。譬如年轻人在离开高中社交圈的时候，有机会选择哪些友谊可以延续下去，哪些友谊可以随风消逝，一个"整理"的过程就此出现了——这里用的是"整理"，不带情感与不舍，如同整理杂物与房间，保留哪些，扔掉什么……

"室友配对"充满风险，在一个密集的空间里如何相处？策略却是不相处——"我们没怎么见过面"，他们用错开时间来共享一个物理空间；"我们友好，但不亲密"，他们是被硬塞在一个狭小时空中，既相近又疏远的同龄人，如同刺猬，磕磕绊绊摸索划定彼此的边界。

那么，到哪去结交朋友呢？一同学习？想多了："课上完了，大家都没记住彼此的姓名。一堆人聚在一起，每周三到四个小时，持续二十六周之类的，结果，都不记得名字，只是'嘿！我可以借一支铅笔吗？'"——这笔法，幽默，却让人笑中带泪。他们花很多时间相处，却无法找到任何机会创建真正的联系！"要想认识人，你必须参与小班授课，这样才可能和某人成为朋友"。同学，不仅是共同学习，更可能是势均力敌、彼此竞争。竞争使他们视彼此为对手而非友伴。他们高度相似，却彼此疏远；他们热闹地聊天，却很少安静地交心；他们互为镜像，在对边界的捍卫中，彼此既关注又无感。

大学如何选择？拥有太多的选择导致关闭了机会，或者说无视机会。流动的技艺要求的是选而不择，这就陷入了选择的悖论——选择成为一个没有对象的动名词，一种亢奋且空洞的动作状态。选择本是一种具有明确指向性的行为，即锁定对象，一次选择即完成、终结，无论是一个项目、一个学科、一个机构，还是一个伴侣。选择作为一种主体的生命实践，不仅是承诺与契约，而且是投入和献身，在外在契约之上更有内在契合，成全且塑造着彼此，既被选择亦被拣选。

流动要求保持选择的开放性与选择的持续性，这正是选择的虚空。选而不择，恰是不做任何选择与任何承诺，保持自身的灵活与自由、见机行事、顺势而行、择机而逃，因为选择意味着终止，意味着被所选对象捕获。对于流动来说，承诺与稳定是一种负资产。

换一个意象，不断地选择也意味着将自身投入浪潮之中，宾语不再是确定的事、稳定的关系，而是波诡云谲的风潮，在一个个奔涌而来的浪头中，既勇敢又谨慎地"弄潮"。选择所成就的目标不是指向外部的某一客体，而是回转"自身"——谨慎的选择者、冷静的理性、练就娴熟的个人方法，目光敏锐、判断准确、行动机警、风险管控适当。

我曾用"猎手"来描述流动的技艺。猎手时刻处于风险中,冷静、警觉且算计,既要瞄准猎物,又要警觉于周遭的"危"与"机",还要时时评估自己的体力与能力。猎手辗转于得与失之间,奔波于动荡与风险中,在危机中不断淬炼自己作为猎手的能力与方法,乃至直觉与本性。他对猎物的热情是精准的计算,理性且有限;他的热情或者紧张都在自身:或者猎物,或者成为猎物。

猎手是灵活迁移的,他目标明确,精神却是封闭的。

看似开放,实则封闭——这是流动的技艺的残酷,也是本书所带来的一种启发和思考。

社会继替

世界卫生组织 2018 年的一份报告显示,在 8 个国家的 19 所大学中,有 35% 的大一新生经历过可诊断的心理健康障碍,抑郁症和焦虑症的发病率正在增加。在高等教育大众化甚至普及化的今天,越来越多的人进入大学,但愿意接受教育且受到良好教育的人却越来越稀有,尽管大学仍然允诺是一个可以试错,且犯错成本最低的所在。

那么,大学是真实的生活实验场,还是一个虚实难分的心理剧场?

"我现在是谁?""我正在变成谁?""我应该成为谁?"

"我"是书写人生的主人翁,用自洽的叙事来缝合一条又一条前后不搭的履历,或者一段又一段左右不接的体验?量化自我中还有同一性吗?活在镜像之中,"镜中我"在"镜子"前顾影自怜,总在经营别人眼中的"自我",常在揣摩社会风尚的喜好,这个自恋的人格既渴望走入世界又惧怕走入世界,既想操纵别人又怕被操纵,既渴望建立亲密的关系,又惧怕亲密的专制。

倘若他总是蜷缩在自己的心灵窟窿里,好似一只雨后墙角边的蜗牛,小心地探出头角,碰到外界的惊吓,又缩了回去,他在心理剧场中,在自己构建的想象与情绪中,内耗、倦怠,且对真实世界无感。当下的年轻人格外强调"心流体验"(flow experience)①,这种体验所馈赠的仍是自我的兴奋,且是不可持续的、瞬间的兴奋与沉醉,如同夜空中绚烂的烟花,美丽但短暂。或许,他们更需要的是"扩充心量",把人的内在世界想象成一个空间,不断开拓它、充实它,使它日渐广大,不至于心量浅陋,甚至收缩成一道扁平的细缝。②来看看这本书中的以及周围的年轻人吧。人的成长需要把眼睛从自己身边的小世界移开,走出自己需要"明"——明白与清醒,走向他人需要"恕"——宽容与怜悯,他人既是镜子,也是一扇窗,还可能是指路明灯。

见天地,见众生,才能见自己。

扩充心量意味着将时间引入内心,时间中有动荡,也有安定,有速朽,也有永恒,历久弥新,时间所拣选的都是财富。这意味着成长中,要有典有范、有法有度、有规有则、有不同的生命样式、有传奇有故事。这些过往的人与事,如同照相在底片上曝光留下的各种影像,这些史事或能成为我们的"同时代性",成为日常生活中

---

① 一种沉浸体验,指将个人精力完全投入某种活动的高度的兴奋与充实,沉醉且流连忘返。
② 王汎森:《历史是扩充心量之学》,生活·读书·新知三联书店,2024年5月第1版,第9页。

参照架构。**每一代人仍然要定锚自己生命的坐标。**

结束漫长的游历、离家、完成学业、就业、建立亲密关系、成为父母——出走与回归，异乡与故乡，青春与成年，以空间的转换充盈人生的四月天——"长大后我就成了你"——是希冀还是噩梦？

书中"身份资本"（identity captial）的概念指的是个人资源（精力、时间和动力）与情境资源（社群和能够提供挑战和确认的情境）的密切互动，这是时代的现实格局与人格型式的互动，是特定环境对心智培养的力量。每一代人的机运空间虽不同，但都有自己的青春期，它是生命中最高昂的旋律，汇集所有的能量，实验、折腾、闯荡，厮杀出一番气概。英雄既造时势，时势也造就英雄。大浪淘沙，洗涤同样不动声色。

社会继替完成得如此轰轰烈烈，又如此波澜不惊。一代代人如此走向自己的成熟，也走向自己的平实人生。

文明生生不息。

刘云杉

北京大学教育学院　教授

前　言

　　当今的青年和 20 世纪 70 年代的大学生究竟会有哪些共同之处？这是我们期待读者们向我们提出的第一个问题。毕竟，当发现那些早已被遗忘的来自半个世纪以前学生的访谈资料时，这也是我们最初向自己提出的几个问题之一。

　　20 世纪 70 年代大学生属于"琼斯一代"（Generation Jones）。他们生于 1957 年，处于"婴儿潮"一代的尾巴和 X 世代伊始间狭小的时代窗口。从连结前后更为著名的两个时代的桥梁中，他们拥有了在转型社会里独特的有利位置。在他们的孩童期，《民权法案》在1964 年通过，约翰逊总统关于"平权运动"（Affirmative Action）的行政命令于 1965 年签署，这些政策塑造了他们学习与生活的机构。当他们准备申请大学时，60 年代末的校园抗议运动席卷了全美，但在他们入学之际结束。在 1971 年降低投票年龄限制后，他们是第一批在 18 岁时获得投票权的美国人；翌年，他们为尼克松或麦戈文投出了第一张总统选票。他们在越南战争的背景下长大，又在 1973 年见证了这场战争的初步结束，却从未被"兵役彩票"选中服役。

　　Z 世代（生于 1997—2012 年间）从课本或维基百科中学习 20

世纪六七十年代的历史事件。在他们的童年时期起决定性影响的事件包括 2008 年经济衰退、贝拉克·奥巴马总统选举和桑迪·胡克小学屠杀事件。他们从未经历没有社交媒体、无线网络和混动汽车的世界。他们长大成人的美国，无时无刻不处于战争之中。

当许多 Z 世代作为 2019—2034 届大学生毕业时，来自琼斯一代的祖父母将会陪同他们一起庆祝。

表面看来，这两个世代之间相差甚大。

*

● "琼斯一代"围挤在电视机前观看尼尔·阿姆斯特朗迈出了人类的一大步，漫步月球——这在 1969 年似乎是不可能的技术壮举。Z 世代出生的时代已经可以看到宇航员在国际空间站永久居住，开始生活在群星之间。

● "琼斯一代"在（尚未成为古董的）黑胶唱片上听吉米·亨德里克斯和 Grateful Dead 摇滚乐队的歌曲，并遗憾地表示自己因为太年轻而不能去伍德斯托克音乐节。Z 世代可能会因为伍德斯托克 50 周年庆典被取消而烦闷，但他们可以在网上点播自 1969 年以来的整个音乐节录音目录。

● "琼斯一代"在报纸上读到了关于 1969 年石墙事件的报道，见证了在美国掀起现代同性恋权利运动的导火索。Z 世代见证了婚姻平等在 50 个州成为地方立法，看到了长达数十年的 LGBTQ 权利斗争的目标之一的实现。

● "琼斯一代"看着世界贸易中心落成，惊叹于这两座 1973 年世界上最高的建筑的开放。Z 世代只能从 9·11 的录像中认识这两座标志性建筑，他们对双子大厦的独特记忆是它们的倒塌。

● "琼斯一代"在有金属兔耳天线和调音旋钮、但没有遥控器的电视上观看了比莉·简·金和鲍比·里格斯之间的"性别之战"。Z 世代可以在网飞（Netflix）上找到一部关于这场网球比赛的电影，观看一线演员艾玛·斯通和史蒂夫·卡瑞尔重现 1973 年这场史诗般的对峙。

*

作为研究者，我们长期以来一直研究当代学生在高中和大学的经历，重点关注 21 世纪青年面临的独特问题。在开始这个项目之前，我们本会对声称过去半个世纪的文化与经济变化改变了青年的成年经历的学术文献表示认同。我们本会认同一个常识，即作为数字原住民长大、能够 7×24 小时全天候联网，意味着如今的成长方式有着一些实质性的不同。我们可能已经相信这样一种说法，即 21 世纪的成年意味着如今的青年将被例外主义标记，需要定义一个全新的人类发展阶段来描述他们的经历。

如果我们没有倾听那些来自过去的学生的声音，我们本会如此认为。

但我们倾听了他们的声音。我们用了四年的时间整理分析 1971—1979 年间每一年的大学生访谈记录，逐渐了解了这些学生的希望与梦想。我们倾听了他们的挣扎与过失，听到在四年的大学生涯中，他们每一个人如何在与犯错的抗争中成长，经历彷徨，并找到毕业后的目标。

而最重要的是，我们惊叹于他们的经历同我们如今教室中的学生的经历是如此相似。熟悉的成就文化、室友的摩擦、不可预测的就业市场、学生贷款债务以及与父母的拉锯战——这些故事都太熟悉了。

在这个过程中，我们发现了一些在成长经历中超越了差异性的普遍存在，而这些普遍存在正是我们对待"现在的小孩"的核心态度。当今青年的生活经历可能从表面看来是不同的，但在世代之间存在着显著的相似性和重要的连续性。

在后文中，1975届的学生们分享了自己的成年故事，帮助我们了解成年的过程是如何渗透不同世代的边界的。从近半个世纪前这些学生的生活中，我们学到了关于成长经历的重要一课——过去，现在，以及……我们猜想还有……未来。我们听见这些学生寻求着我们所知的如今的青年也需要的东西：指导、支持、失败的自由，以及更重要的，为成年阶段做准备的重要工作所需的时间。

当今的青年和1975届的大学生究竟会有哪些共同之处？

正如你将看到的，远比我们想象的更多。

目　录

第一章

各世代的早期成年阶段

从媒体标题到旨在帮助父母对付"麻烦的青少年"的书籍，其中总有着明显的怀旧情结和对从"现在的小孩"身上观察到的缺点的沮丧之情。当今，青春期常常被描述为一段自我放纵和不成熟的漫长时期。在这种语境下，青年被描绘为对承担成年期的责任准备不足——甚至不情不愿——的形象。流行媒体与文化模因嘲讽他们"成年之路"的失败——宣称他们懒惰、自我放纵、毫无进取心（住在父母家的地下室就心满意足）。然而，给青年贴上标签、对他们的成长进展评头论足是简单的，反思我们的经济和文化环境如何切实地塑造了他们的成长环境却不容易。

有些人提出，21世纪的育儿模式是千禧一代与Z世代独有的危机。"直升机式"父母和"扫雪机式"父母受到谴责，因为他们会在青年直面挑战、吸取教训前就将他们从困境中解救出来，从而鼓励了例外主义，也阻止了青年经历失望。当今的青年被描述得如此受溺爱及被过度保护，以至于不愿意为了成功而努力、"付出"、牺牲。因此，青年被塑造成自我陶醉、不愿意努力工作、不愿意承担成年人的责任、自我放纵的形象（Cohen，2010；Stetka，2017；Twenge and Campbell，2010）。

当今的理论一直被用来解释这种长期不成熟的现象，将其定义为这一代人独有的特点，并为之贴上了"成年初显期"（emerging adulthood）的标签（Arnett，2004；Benson and Furstenburg，2007）。这些想法是基于这样一种信念，即发展过程本身已经发生了变化。然而，这些对冷漠而心怀不满的青年的刻板印象实际上植根于对成年初期的发展需求的误解，对社会经济力量在延长成年之路方面所起的作用的误解，以及对延长成年之路的历史先例的误解。

虽然与 20 世纪 50 年代相比，当今拥有稳定工作或结婚生子的青年的确更少了，但这种趋势似乎描绘了一幅充满着广泛危机的、如同《赖家王老五》(*Failure to Launch*) 电影般的图景。然而，这种延迟的根本原因并非当今青年成长的失败。20 世纪 50 年代，美国已经从农业经济转型为工业经济。与当时繁荣发展的二战后经济相比，现在只是需要更长的时间去达成成年期的各个标志罢了。在那段经济繁荣时期前后，青年步入成年期的过程都更加漫长。19 世纪晚期的青年需要更长时间，现在的青年也需要更长时间。

如果不将更广泛的历史弧线纳入考量，这些对于娇生惯养的青年的观点将助长一种迷思，即当代青年的经历太过特别，以至于无法套用传统发展模型。当前，成年的挑战可能会以我们过去无法完全理解的方式超越代际界限。重要的是，这在学术文献中并不是新观点。早期哲学家和社会学家的著作与"'延长'的青春期为当代青年独有"这一观点相悖。斯坦利·霍尔（G. Stanley Hall，1904）认为，青春期可能持续到 25 岁——这个理论是在 20 世纪初提出的，远早于 20 岁出头被定义为"新的发展阶段"并被视为 20 世纪晚期文化经济背景的结果的年代。此外，与"发育一直持续到 20 岁出头"的观点一致，如今的神经科学研究记录显示，大脑在 20 岁出头仍持续进行着重要发育（Casey et al.，2010；Steinberg，2014）。在更广泛的历史背景下，成年期延长的过程显然不是当今青年面临的新鲜事。

指责青年不成熟、怠于承担责任也并非新鲜事。纵观历史，这实际上是一个不断重复的情形：当每一个新世代回顾自己的青年时期时，都会想象它和自己孩子的青年时期有着显著的不同。"当我像你这么大的时候，我走路去上学，一路爬坡……"这类老生常谈中包含着一种关键的意思，即认为每一代人都比前一代过得更轻松、更放纵、更不知感恩。这种对青年的追溯性重构有着悠久的历史，甚至连亚里士多德（公元前350年）都曾描述古希腊青少年和成年早期之人的愚蠢行为。

改变的并非青年，而是历史背景

成年期的标志并没有改变：毕业、离家、入职、结婚、生子（Settersten，2007）。同20世纪中叶的青年相比，当今的青年达成这些成年期标志的时间要更晚。在20世纪中叶，美国青年通常会在25岁前达到这些基准。他们在二战后的经济增长期成年，伴随着高薪工业工作的兴起，能够更轻松地踏入成年生活（Settersten and Ray，2010）。基于这一代青年的经验，这种提早步入成年期的现象被常规化，并成了一种文化期待（Settersten and Ray，2010）。然而，这个时间线与战后美国的经济繁荣有关，并且基于这样一种想法，即青年无需接受大学教育就可以获得高薪工作。经常被奉为标准的战后美国市场，实际上是一种反常现象。

作为20世纪50年代经济成功之源的制造业工作在20世纪早期并不存在，自50年代起也在不断衰落。经过通货膨胀调整后计算，青年在1975年挣的钱要比今天多，特别是对于男性和没有大学文凭的人群而言（Settersten and Ray，2010）。简而言之，同 19 世纪 90 年代至 20 世纪 30 年代之间那段时间相比、同今天相比，20 世纪中叶的青年在高中毕业后经济独立、自力更生的机会要更大。获得经济独立的能力很大程度上推动了其他成年期标志的达成。由于这种经济现实并未持续，当今的青年平均需要花更长的时间获得稳定的财务，此后才可以离家、结婚、生子。他们的发展轨迹与 20 世纪 50 年代之前——特别是 20 世纪 20 年代经济衰退前后——的青年相似。

随着全球化的兴起、对科技的依赖程度加深以及劳动力流动性的加强，当今的青年需要接受更长时间的教育和更好的培训，以获取经济成功所需的技能（Porter and Rivkin，2012）。因此，更大比例的青年意识到自己需要通过接受大学教育来确保财务稳定。接受大学教育会延长达到成年期标志所需的时间——通常会推迟全职工作、结婚和生子。相比之下，没有接受大学教育的青年往往在更早的年龄承担成年人的责任，这更接近于 20 世纪中叶的时间线（Benson and Furstenberg，2007）。因此，晚熟实际上是获得进入大学的机会和延长这段发展阶段的机会的结果。这意味着这并不是一个新的发展阶段，而是一个不断变化的情境背景。

由于较之以往，当今有更大比例的人口接受大学教育，晚熟似乎是史无前例的、新鲜的。然而，它其实一直都是大学生经历的一部分。只因为接受四年大学教育的青年数量急剧上升，这一现象变得较之以往更普遍、更具有文化显著性。此外，获得大学学位的女性人数现已超过男性，这意味着女性也在更大程度上推迟了成年。1971 年，只有 8.5% 的女性和 14.6% 的男性从大学毕业，而 2018 年大学毕业的女性比例为 35.3%，男性比例为 34.6%（US Census

Bureau，2019c）。

当今，大部分人晚婚的很大一部分原因是，需要花更长时间获得一份支付维生工资的稳定工作。1890 年时确实如此，当时男性的平均初婚年龄为 26 岁，男性需要接受额外的教育来为工业化经济做准备，这导致了高中运动（high school movement）（Goldin and Katz，2008；US Census Bureau，2019a，b）。120 年后也是如此，这时的青年发现自己需要接受额外的培训来在科技和服务经济中取得成功。事实上，如今 69% 的青年都将晚婚归因于对财务稳定的担忧（Parker and Stepler，2017）。2010 年，完成高中教育的男性的婚龄中位数为 27.5 岁，完成大学教育的为 29.9 岁——这和 1890 年及 1920 年的数据非常接近。完成高中教育的女性的婚龄中位数为 24.3 岁，完成大学教育的则推迟到 28.4 岁。然而，与教育原因相关的晚婚并不是什么新鲜事；拥有大学学位的人群总是稍晚结婚，甚至不结婚。即使是在 20 世纪 50 年代，接受大学教育的青年的平均初婚年龄也为 26 岁，男女皆是（Glick and Carter，1958）。

离家的年龄也会受到大学入学的影响。对当今"赖家"的青年最持久的描述——"和父母同住"——或许是所有描述中最有误导性的一个。这也并非当今青年经历的新现象，我们在历史数据中找到了相似的规律。1940 年，36.2% 的女性和 47.5% 的男性在 18—34 岁间住在父母家。在战后经济蓬勃发展期间，当有可能实现财务稳定时，这个数字大幅下降了。到了 1960 年，只有 24% 的青年住在父母家。然而，这种下降只能反映 20 世纪中叶的经济繁荣。在此之后，青年住在父母家的比例一直在持续上升。到了 2014 年，36.4% 的女性和 42.8% 的男性直到成年早期仍然与父母同住（Fry，2015；2016）——这同 20 世纪 40 年代的数据惊人地相似。这种反映了 20

世纪前 50 年代的繁荣的模式，与晚婚相关，与为实现稳定就业的延缓期相关，也同当前青年为了获得大学学位而承担的学生债务率增加相关，是 2008 年经济衰退的经济影响的结果（Fry，2016）。

总体而言，同 20 世纪中叶相比，青年到了较晚的人生阶段才能达成五项传统成年期标志（Settersten and Ray，2010）。然而，这并不意味着当今的青年比过去的青年更不成熟，也并不一定意味着他们更加以自我为中心、更加放纵自我。相对地，当今的青年需要更多的培训和经验来为在一个竞争更激烈的就业市场获得成功做准备。更多的人选择在高中之后继续接受教育，他们花了更多的时间——的确，他们需要更多时间——来获取经验，为自己争取更好的位置，以成功地进入成年期。投入更多的时间并不是脆弱或无法胜任的表现，与之相反，这实际上可以很好地服务于当今的青年，让他们以更强烈的自我意识、更精确的目标感以及必要的准备来应对动荡且不确定的经济环境，从而拥抱他们作为成年人的责任。

在这本书中，我们将检视关于成年之路的几个关键问题，并考虑如何将这些知识运用于实践：有没有证据表明，在前几代人中存在一条延长的成年之路？青年是否需要额外的时间来成功地结束他们的青春期并过渡到成年期？对于在 18 岁时被迫长大成人的人，我们所做的是否是一种苛待？如果是的话，青年应该如何更好地运用自己的时间，进入重要的成年期？

我们的研究

我们认为，晚熟并不是 20 世纪末或 21 世纪初的新现象。步入成年的时间线是同青年成长的社会经济环境直接相关的。虽说要举出看似能佐证"当今青年在向成年期过渡的过程中很挣扎"这一理论前提的观察结果是很容易的，但这其实是一个可验证的假设。然而，不曾有人系统地回顾过上一代学生，来以此评估"存在一个代表与过去的成长经历截然不同的新的发展阶段"这一观点。相反地，这些主张都基于一种"某些东西不一样"的共识，并以此来解释人口趋势的转变。

事实上，直到现在，并没有可用的数据能让研究者们直接解决这个问题。通过运用这些未经研究的 20 世纪 70 年代大学生的访谈记录，我们得以首次检验这个观点。我们的数据为我们提供了一种独特的优势，让我们得以从大学经历中发现具有普遍意义的各种挑战，并有机会看到远在作为新的发展阶段的"成年初显期"这类观点被纳入公众话语前，青年是如何谈论晚熟的。

我们发现，20 世纪 70 年代的这些大学生的经历和当今大学生的经历非常相似。这些学生已经推迟了很多传统的成年期标志的达成。事实上，我们的研究结果表明，这条缓慢的成年之路一直是成长经历的一部分——至少对于美国青年中享有进入大学的特权的那部分人而言如此。从这些来自过去的大学生的声音中，我们了解到，不安全感、对需要更多时间的压力以及困惑的感觉并不是如今的学生才面临的新鲜事。我们还将看到，从学校过渡到职场的挣扎一直是大学之路及通往有意义的人生与职业生涯的重要部分，在经济状况不确定的情况下尤为如此。

在本书中，我们将分享上述发现，并论证成年初显期这一新的发展阶段并不存在，而"现在的小孩"同过去显著不同这一观念也并不正确。我们记录了各世代青年都经历过的一种现象，即时间、探索和成长的经历提供了一种超越代际的发展经验。通过这样做，我们还能辨别出能为当下的我们提供指导的关键经验，让我们能够帮助年轻人有效利用自己的时间，以便在成年期很好地过上有意义的人生。

研究设计

本书基于 20 世纪 70 年代哈佛大学学习咨询局（Harvard Bureau of Study Counsel，BSC）*的创始人及时任主任威廉·佩里博士对大学生进行的访谈存档写成。学生访谈每学年末进行一次，贯穿这些学生的四年大学生涯。访谈由一个简单的问题开始："今年最让你印象深刻的事情是什么？"随后的对话持续 40—80 分钟，重点涵盖从大学日常生活琐事至改变学生人生轨道的戏剧性经历等话题。学生讨论了自己这一时期对成长经历和大学时光的理解和反思，谈论了从选择主修专业到选择人生伴侣的各种挑战和摸索。有人的人生目标遭到了颠覆，因此改变了航道；有人讲述了重议家庭关系的压力或失去双亲之一的悲恸。而最终所有学生都重拾了自我，重构了前途。

该研究最初的设计目的是跟踪研究佩里博士有关大学生发展的一项影响深远的研究成果，该成果题为《大学时期道德与智力的发展形式：方案》(Forms of Ethical and Intellectual Development in the College Years：A Scheme)，原发表于 1968 年。佩里博士和他的研

---

* 现为哈佛大学心理咨询中心。——译者注

究小组怀疑，自最初的研究（1953—1963 年）以来，某些实质性的变化已经产生了，并指出 20 世纪 60 年代发生的戏剧性文化政治变化或许是其原因。在民权运动、妇女解放的推动、校园抗议浪潮之后，研究小组认为学生的观点也发生了重大变化，因此希望记录下新一代的独特之处。正如他们当时所指出的那样，最初的研究记录了二战阴影下学生对于人生的思考。研究小组认为，在越南战争背景下成长起来的青年对世界的观点将截然不同。

佩里的研究小组面向 1975 届和 1979 届学生复制了当初的研究，以验证他们的假设，并确认当代青年身上发生了何种变化。然而，经过十年的工作——包括数百小时的访谈和一些初步分析——他们确定学生的观点基本上没有变化。尽管表面上看起来截然相反，但研究小组无法记录到这届学生的经历同 1953—1963 年的研究中的前辈们相比有任何实质性差异。即使在应用原始的分析编码方法来解析新数据之后，研究人员也因找不到显著差异而遭受阻碍。认识到这一点之后，这项研究就被放弃了，其文件在 BSC 阁楼上存放了近半个世纪，直到我们在 2015 年发现了它们。佩里博士这项开创性的研究成果中的这些失落的声音，是本书的重点。

我们恢复了原始录音，将其数字化并存档，创建了 1975 届研究的新数据库，这是两套材料中更完整的一套。这个数据库中包含佩里博士关于该项目的通信记录、确保受访学生样本具有代表性的原始采样策略与计算、研究会议的记录及讲义、阶段性状态报告、与学生的原始通信、研究备忘录和签署的同意书。此外，还包括学生访谈（最初记录在卷对卷磁带上，我们随后对其进行了数字化及转录）以及每次访谈后立即由原始研究团队撰写的访谈笔记。我们用大学年鉴、校友报告和校园报纸上的信息完善了该数据库。

在本书中，我们将分析的重点放在与 30 名学生的 104 次访谈上，他们占研究参与者总数的三分之一。我们先分析了 20 名学生在大学四年每学年末接受的 80 份访谈记录。后来，我们又增加了参与过至少三次年度访谈的 10 名学生，并在数据集中追加了额外 24 次访谈，目的是在研究中涵盖更多女性的声音。方法附录中有一份关于分析过程的描述。

我们的访谈分析表明，这些来自过去的声音是具有现实意义的，也能为我们提供了解这些学生在独特历史时期的大学经历的机会。不同时期的大学经历有着如此独特的相似之处，因而这项研究的成果能够更好地帮助我们理解当今学生的发展。这项研究同当前大学生发展文献中的观点具有一致性和延伸性，在大学自我意识发展（Chickering and Reiser，1993；Jones and Abes，2013）、大学校园中同辈文化扮演的角色（Renn and Arnold，2003）以及选择大学主修专业的挑战（Porter and Umbach，2006）这几方面尤为如此。这些学生的声音也同其他有关大学生生活的定性研究中记录的当代学生观点遥相呼应，包括《通过学生的眼睛看大学生活》（Grigsby，2009）和《大学的运作》（Chambliss and Takacs，2014），进一步强调了这种跨越世代的连续性。

在校园中成年

步入成年的过程中充满了对更好的未来的希冀和对未来人生看似无限的可能性。然而，这段时期也不可避免地充斥着不安感、出师不利与挫折。这些挑战一直以来都是向成年期过渡的核心所在，也继续对当今的青年提出紧迫的问题。通过对档案与历史文件的分析，我们确认并描述了六项发展挑战，这些挑战是这一发展期不可分割的一部分，攻克它们需要谈判、探索、反思，最终需要时间。本书的各个章节将把重点放在各项挑战上，并讨论学生需要的支持与他们用以克服挑战的各种策略。这些章节将共同阐明大学发展经历的弧线，从离家到抵达校园，从结交朋友到探索兴趣，再到磨练目标感和选择职业道路。此外，各章也将阐明为何向成年期过渡需要更长的时间。学生需要更多的时间来厘清他们生活中繁杂的细枝末节，还需要不同的利用自己的时间的能力，以便先让各种可能性拓宽自己的视野，此后再提炼自己的选择，进入通往成年的道路。

各个章节将分别展现这些发展主题，因此可能会让它们看起来是先后有序、相互离散的问题。但在现实中，它们在学生的生活经历中交织存在。为了说明这些经历如何以整体的方式结合在一起，我们选取了五位焦点学生，在书中我们将跟随他们的脚步。我们将使用黑体让这些故事在视觉上同书中的其他内容区分开来，以便读者辨别。这样一来，读者能更深入地了解一些学生，并理解我们各章节的主题是如何纵向地呈现在大学四年中的。每一位学生都为我们对发展经验的理解增加了一个不同的维度，也描绘了伴随着学生们来到大学的多元观点是如何展现在他们大学校园的成年经历中的。读者将看到，这些并不是人们想象的 20 世纪 70 年代精英校园里"刻板印象"中的大学生：

卡尔，一位古怪的知识分子，来自新英格兰某个被他称为"上州"（Upstate）的小社区，这是一个同时强调其地理位置和乡村性质的简称。背井离乡去上大学这件事超出了他所在社区的人们的理解范围，在那里，大多学生要么不上大学，要么去本地州立大学。作出异乡求学的决定，也反映了他对这个蓝领社区的疏离感。尽管他的父母努力想理解他，但他们并不太明白卡尔所追寻的道路。卡尔和他的家乡之间的意识形态分歧因此而加深。正如我们将看到的，就在他认为成为学术界教授的职业生涯正将起航的时候，一次令人大开眼界的经历把他带回了自己的根源。

贝姬，一位梦想成为作家的年轻女人。她从一个白人为主的社区来到校园，家距大学仅 20 分钟车程。她在注重经商的家庭环境下长大——她的父亲经营着自己的公司，她的哥哥正在享有盛誉的商学院攻读研究生学位。她频繁返家，常与父母发生冲突：她的母亲敦促她优先考虑婚姻和家庭，而她的父亲担心校园里的自由主义思想正在让她变得激进。在这样的环境中，她挣扎于一段分分合合的恋爱关系，也不确定怎样才能将自己对写作的热情转化为职业，怎样打消家庭的忧虑，让他们为自己感到骄傲。

雷蒙德，建筑工人之子，举家从南方小镇北迁，以寻求更好的机遇。他们将一个大家族留在了身后，而这个大家族最终会将他们召回家乡。初到大学时，他兴趣广泛，包括经济学、化学和城市规划。为了找到目标，他选修了一系列课程。在一门关于医疗危机的课程中，他经历了恍然大悟的一刻，这一刻有可能将他人生中的所有散页收束成册。他开始展望一个能够为自己的农村老家带来切实改变的职业生涯。要成为镇上唯一的黑人医生，为家人的社区服务，并成为其他人的榜样，他必须权衡放弃光鲜亮丽的国际大都市生活的代价。

琳恩，一位来自美国中西部的独立女性，怀着对科学的强烈兴趣来到了大学。她怀疑自己是否像同班同学一样准备充分。尽管有些不安，但她仍无所畏惧地在社交和学术上开辟自己之前从未涉足的道路。她感叹自己与高中时的朋友渐行渐远，但很享受同与她一样对科学和文学感兴趣的人的新友谊。虽然对医学感兴趣，但她更想从事研究，为紧迫的医学问题找出治疗方法和解决方案。她发现，在这个由男性主导的领域，她必须以令人惊讶的方式驾驭性别问题。她在愈发自信坚定的同时，也在寻找一个榜样来帮助她规划一条道路。

安德鲁，一位自豪地来自夏威夷的年轻男子，故意选择来到远方求学。他上过预科，对新闻学的兴趣从高中校报时期延伸至漫长的大学校报生涯，故而进入新闻行业。尽管他对新闻业兴趣的关注点——政治、娱乐、体育——动摇了，但他对自己关于新闻业的使命感和写作天赋充满信心。他获得了备受瞩目的实习机会，这进一步磨练了他的才华，增强了他的信心。但对自己的社交技能和老练程度，他就明显没有那么自信了。他知道自己的父母是在大学认识的，因而希望自己能在毕业前邂逅自己的妻子，然而与任何人建立真正的联系对他而言都很艰难。

正如以上五位学生一样，所有的学生都是怀揣着希望、梦想、恐惧、焦虑和潜力来到大学的——他们知道自己从何而来，却不确定自己要去往何处。在第二章至第五章，这些现实问题将一一展现在我们面前。在第六章中，我们将听到来自不同阶层的学生的声音，了解在深刻的挣扎中，他们是如何应对严峻挑战，与自己的人生和解的。我们将见证这些学生是怎样应对危机并从中获得助力，步入成年期的。我们会看到成长是如何在挣扎和掌控之间发生的；当旧的方法变得不足以应对新的挑战时，就必须拥抱新的方法。事实上，危机作为人类发展催化剂的作用是开创性发展理论的核心，例如埃里克·埃里克森（Erik Erikson，1968）和让·皮亚杰（Jean Piaget，

1970）的理论。在这一章中，我们将看到危机——若给予足够的反思时间和适当的支持——是如何具有真正的变革性。

在第七章中，我们将了解学生获得成功所需的那项看似简单的要求：时间。尽管他们看似拥有无限的时间——毕竟，他们在上大学——他们的时间实际上远比许多人想象的要更有规划、更受限制。我们将探索这一点对成年的过程来说意味着什么。在第八章中，我们将探讨青年需要什么来在这一延长的发展期中获得收益，并为步入成年做好充分准备。

让我们在这些学生们的旅程伊始认识他们——这时候，他们正要离开自己熟悉的家……

第二章

离

家

离家能松绑人与长期以来一直作为日常生活中心的地点之间的连接。移居新的环境能够带给青年一个以自己的方式定义自我的机会，也能将他们和过去的期待分离开来（Cicognani et al.，2011；Hormuth，1990）。和家之间的距离也提供了一定空间，让他们能够质疑关于世界的想法，完善过去持有的信念（Chow and Healey，2008；Johnson，2017；Perry，1999）。这些信念最初是在与父母深厚而复杂的关系中磨砺而生的，并在亲密的友谊中定型。平衡过去与现在的观点并维持这些关系的需要可能是具有挑战性的。驾驭不断变化的人际动态尤为困难，因为家乡的人们无法分享青年在离开时获得的令人大开眼界——甚至是颠覆性——的经历。

　　虽然任何离开家乡的行为都能开阔时间和空间的维度，从而拓展自我认知，但大学校园能够有意识地提供接触新思想并进行反思的机会。结识新人、探索新概念及培养对不同文化的欣赏，都能帮助学生以令人激动的途径成长，这些途径也是大学目标的一部分。我们的学生以中肯且描述性的方式刻画了这一转型期。青年发展了自主性，并在远离家乡的地方建立了自我，我们从中了解到青春期终结的过程。从他们的故事里，我们发现了一些可以应用到各种环境背景下的青年人身上的模式，而并不局限于那些有幸进入住宿制学院的人。

接触新思想，识别隐含信念

　　离开家乡、被不同背景的新人环绕，让青年得以更加清晰地看到自己的各种设想，并首次对这些设想进行评估。德博拉对这类新的认识进行了反思，认为自己"更加意识到不同生活方式的存在"。通过离家、经历一些对其家庭来说非典型的事情，她也看到了自己现在与未来的新的可能。她描述了这段经历是如何让她开始在新的可能性面前对保留自己的"旧生活方式"的价值产生质疑。这是一个激动人心的进步，然而她仍然对此感到不安。德博拉意识到自己面前这条新的道路同家乡社区里其他人的道路是如此不同："我来自一片算是农业区的地方，在那里，所有人生在一村，留在一村，祖祖辈辈都在一起，所有人都做着同样的事情，通常不会有人离开。"她是高中班上少数几个去上大学的学生之一。大家对她学成后返乡都有种心照不宣的期待，然而她开始质疑这个计划，也开始考虑其他出路。

　　凯文也意识到离开家乡给自己带来了新的视角："我认为离开家乡是一种很好的经历，我也从中学到了很多。我学到了、见识了如此多的事物，都是我从前没有见过的。"他虽然知道这些经历改变了自己，但一开始轻视了这些事情的影响力，解释说："我不觉得这是什么翻天覆地的改变。如果说我身上真的有任何变化的话，也是一种非常平缓的变化，我也并不觉得我需要突然和家乡断绝关系或是怎样。并不是那样的。"然而，后来他也承认自己对未来的观点在很大程度上已经被所处的新环境改变了："这让我意识到一些事情——

我想在未来几年去见识、尝试新鲜事物，因为现在我知道了这些事物的存在。我已经在经历这些事物了。"不管这些变化多么地剧烈，对于凯文来说，要在背井离乡的时候充分地感知这些巨变是很困难的。只有在返乡后，当他看见自己过去与现在的观点之间的对比后，他才能真正看到自己的转变之深刻。

卡尔在来到大学校园的第一年，解释了暴露在大学的新事物下是如何改变了他对于自我存在于世的认识的："我们都有各自的故乡，那是我们的'世界'，但随着你来到大学，你突然发现自己接触到了全国化或国际化的社会。"这个认识最初令人困扰，但同时卡尔也因自己在校园里结识了一群人感到惊奇，也为探索的过程感到兴奋。他记得，当他遇见来自全国各地的同学时，他的想法是"各种各样的人和各种各样的观点的融合，这简直无与伦比"。因为他在上大学之前从未离开自己的小镇故乡去远游，即便是一些简单的不同也令他着迷，例如从某个同学那里听说密苏里州的气候，或通过室友了解关于其家乡巴尔的摩市联排房屋建筑的事情。每一个新的细节，无论多么琐碎，都能帮助他认识到世界远比自己曾经从新罕布什尔州郊区的角度理解的要更加有趣、更加多元。对卡尔来说，大学里的一切都是新奇而特别的，他兴奋地表示，"这是大学展现的未来的一角！还有很多别的等在后面"。这场经历极大地开阔了他的眼界。在大学度过最初的几个月后，卡尔描述了这个新的视角对他的世界观造成了多么强烈的影响："家乡永远有它的位置，但现在你拥有了通往更广阔社会的自由。"

特维拉斯将大学社区比作社会关系课堂，因为他从与同学的接触中学到了有关世界的很多东西。他解释说，这些互动也影响了他的看法："它帮助我理解了全国各地是怎样地不同，不同的家庭背景又会怎样塑造一个人的态度。这是一次非常珍贵的体验，如果我留在离家很近的地方，我可能不会发觉这些。"对特维拉斯来说，这种转变是令人兴奋的。他在大学里看见了成长和发展，并在此过程中更走进自我的机遇。然而，这些经历也让他对自己家庭的看法发生了改变，他注意到"同父母分离，迫使我从另外的角度看待他们"。

虽然贝姬在离家仅数英里的地方上学，但她还是感觉自己住在两个非常不同的世界。她描述了自己在校园生活与归家探访之间找寻平衡的尝试，尤其是当她感觉父母无法完全理解自己在大学探索的兴趣的时候。她是一位有抱负的写作者，却只能向家人隐瞒自己的梦想。她感受到了跟随父亲的脚步从商的压力，挣扎着想同家人分享自己对文学不断增长的热爱。她解释道："我不会回家同父母谈论我读过的书。我是说，我不会回到家对他们说'来讨论浪漫主义诗歌吧'之类的。我感觉他们对我的学业表现是感兴趣的，也愿意尽其所能地帮助我。他们只是对我感兴趣的某些事情不太感兴趣。"贝姬意识到自己的父母可能会误解或反对自己的兴趣，也知道这会伤害到自己处于萌芽中的自我意识。因此，她只向父母分享了一门自己修习的政治课程的信息——这是一个同她渐涨的写作激情相去甚远的较为安全的话题，但同她父亲的兴趣直接相关。

当伊莱恩发现摆在自己面前的机遇比自己曾设想的更加广阔时，她对未来的看法也发生了改变。她这样描述这个发现的过程："好吧，当你离家求学的时候，你自然是要去适应离家的状况的。我想这让事情变得不同了。"她接触到的新的人和新的想法让她改变了对世界的看法，发现"各种事情有了新解释"。这种视野的拓宽不可避免地令她开始重新考虑自己的未来。她解释道："突然之间，我面前有了比当初在马萨诸塞州的小小世界里时要多得多的可能性。在来到这里之前，我对未来的道路是没有什么疑虑的，我的意思是，在此之前我从未想过这个问题，答案本是确定无疑的。"来到大学后，她有了思考未来自己想要什么的能力，即便这些并不符合家人依循传统对她抱有的设想。

伊莱恩能够共情自己的父母，也辨别出了改变未来计划后同父母之间隔阂感的源头："我的父母从未接触过类似的环境，因此也没有经历类似的观点变化，而这些我却经历了很多。"考虑到这对她全家人的影响，她意识到："这很难，因为我和家人之间的纽带是很紧密的。我们相互依赖、相互支持，这是好事，但这也有可能造成拖累，尤其是当我父母可能无法理解我为什么想要一些东西或想做一些事情时。有时候，对他们来说这些事情是难以想象的。而对我来说事情已经不是原来的样子了，所以我也很难知道要用什么方式处理。"为了解决日益扩大的分歧，她的办法是尝试分享自己的观点并帮助她的父母理解自己的观点是怎样改变的："我认为最好的办法就是尽我所能，试着向他们解释——方式要尽可能和缓——而不是仅仅对他们表现出叛逆，说'反正我就要这么干'。如果我能将自己的一些想法稍稍传递给他们，事情就能简单一些。我小心翼翼地不让他们认为我发生了彻底的改变，完全拒绝自己的过去。"

当卡尔与家人分享自己从大学学到的新观点时，他经历了一个既醍醐灌顶又令人大开眼界的时刻："我将一本让我很兴奋的书带回了家。我爸爸通读了这本书，也被迷住了，然而他随后意识到它过于深奥了，因此开始害怕我正在对自己做的事情。"虽然父亲的反应起初让卡尔大吃一惊，但他现在已经意识到"这种害怕的经历对我而言是非常有益的"。通过父亲的反应，卡尔能够更好地理解在大学接触新想法是怎样改变了他的观点并在他们之间划下鸿沟的。重要的是，他也意识到了为什么这种改变可能起初让他父亲感到不安。他的父亲并没有和他行进在同一条路上。这种共鸣是卡尔得以处理变化的父子关系的关键，而父亲仍然是他大学时代生活中的重要人物。

在不断筑造未来之路的同时找到一种方法维持同过往重要关系的联系，是长大成人的重要部分。据研究记录，在高中阶段有着积极关系的父母和青年，在大学时期发生关系重议议题时会让关系回暖（Johnson et al.，2010；Luengo Kanacri et al.，2014）。伊莱恩和卡尔在处理亲子关系时表现出的关心与关注同这些研究结果是一致的。对于那些有着较高的子女自我效能感和对自己影响父母、让父母倾听的能力有着强烈自信的青年（Caprara et al.，2004），以及自初高中时期起就能感受到父母的支持的青年（Belsky et al.，2001；Guan and Fuligni，2015）而言，情况更是如此。

更宽阔的视野对"归巢"能力的影响

青年离家时经历的变化令他们无法再无缝适应被他们抛在身后的人际关系与生活方式。最终，他们总要面对老话里包含的现实：有家归不得。他们经历的那些看似细微的变化在他们归家后显得格外突出。青年们改变了，而在他们离家期间，家的社会与现实意义也同他们与此相关的记忆一道发生了转变（Chow and Healey，2008）。作为结果，青年必须协商重新进入原本熟悉的地方，并同过去不曾质疑的观点搏斗。

当斯科特在大学第一学年 12 月假期期间回到家里时，他将之描述为"一种成长经历"。他震惊于自他走后这里的变化之大："这真的给我带来了很大的冲击——这不再是我的家了。我真的不属于这里，这个我十八年来称为家的地方，我离开了它，再没有回头路。对我来说，这真的是一个时代的结束。"他这样描述自己对回归以往生活和曾经熟悉的地方的失败尝试："我试图适应以往的日常生活，这实在有点令人毛骨悚然。我就是没法适应了。我去了曾经的高中，受到了很大的冲击。噢！好家伙，我感觉自己像个多余的人。就好像，'你来这儿干嘛？你现在上大学了，你不应该来这儿。'"生活没有了他仍在继续这个现实也同样刺耳，他被这种经历刺痛了，回忆道："这很难受，因为通常你会觉得你走之后一切都不会继续。"意识到不论是他自己的想法还是被他落在身后的社区都没能保持原样，他感到深深的迷茫。

在迪伦的记忆中，当发现那些他一度非常熟悉的地方再也不能让他有家的感觉时，他也有类似的挣扎："有些时候，我看待事情的方式让我无法同一些人产生共情，或者我会用一种漫不经心的方式看着他们说，'哦，他们在做这啊。这对我来说不重要。曾经重要过，但现在不了。现在我独自生活，和他们做着不一样的事情'。"他虽然意识到了变化很大，但还是觉得维系这些关系是重要的。他解释道："我总是试着不去忘记自己的过去。因为我想一旦遗忘了自己的过去，我就真的会迷失自我。如果我就这样被大学里做的事情带偏，我想我会因为陷入迷茫而让自己处于一个很危险的境地。真的会这样。我将不能把任何事联系起来。唯一让我得以前进的似乎就是我将不同事情重新联系起来、互相融合的能力。"迪伦本能地理解了同过去维系联系的重要性。当青年能重新同家乡的重要之人建立联系时，他们将从温暖而具有激励性的长久人际关系中获益。当他们找寻自己未来的方向、弄清未来如何从过去中诞生时，这种支持是重要的。

虽然他们的关系发生了各方面的变化，并且接触的频率也可能降低了（Lindell et al., 2017; Parra et al., 2015），但青年同其父母的联系仍然至关重要。他们谈起这些关系时的态度也是积极的（Parker et al., 2012）。即使青年成长得更为自主，搬离父母家，牢固的家庭纽带仍是重要的（Ainsworth, 1989; Lindell et al., 2017）。事实上，在学生们其他关系的转换过程中，家庭作为支持来源的地位可能会得到暂时的提升（Tsai et al., 2013）。青年能以家乡作为成长或探索的基础，而不是任由家成为把他们拴在过去的锚，或设想他们必须成为怎样的人。青年必须在将自己同家庭区分开来和同家人保持牢固联系之间找到平衡（Bowen, 1976; Minuchin 1974）。与此同时，父母必须在已经产生的所有变化之下重新认识他们。在重新校准过去人际关系的过程中，矛盾将不可避免地产生。

理解矛盾的全貌

虽然父母与青年间的外显矛盾会在向成年期过渡时降温（Smetana，2011；Collins and Luarsen，1992），对于那些离开家乡的青年来说尤为如此，但双方仍然会产生分歧（Lindell et al.，2017；Parra et al.，2015；Whiteman et al.，2011）。孩子回家时带着与伴随他们长大的世界观相悖的新观点，甚至完全拒绝那些长久以来存在的观点，这对父母们来说是特别难以理解的。青年也会面对自己看待世界的方式或许已经变得和家乡的人不同这一现实（Smetana，2011；Wray-Lake et al.，2010）。他们挣扎着想要理解自己所遇的阻力，这有可能导致他们认为自己的父母是过时的或过于迂腐的。当青年的自主权和独立性不断提高的时候，他们有时候会感觉需要通过拒绝父母的观点和信念、维持私人生活、削弱对父母的依赖，甚至释放由未解决的冲突中产生的消极情绪，来将自己同他们剥离开来（Koepke and Denissen，2012）。然而，分离并非唯一的选项。有一些方法可以填补新旧观点之间的沟壑，从而维系重要的关系和开放式交流的渠道。

贝姬回顾自己四年的大学生活时，回想起一件表现自己与家人之间的分歧不断加深的事例。她描述了某次校园家长日时她父亲观摩课堂讨论的经历："我爸爸来到班上，用他的话说就是，那是所谓的'关于女权运动的小小研讨会'。"虽然她一开始为能有机会就该话题和她父亲展开一场智力辩论而感到兴奋，但她的情绪几乎急转直下。"后来，我父亲问我对我讨论的观点是怎么想的，我就说这些观点在我看来是合理的。然后他就说：'噢，你被洗脑了！'"这些敷衍的话语以及父亲不愿沟通的态度让她觉得自己被排斥了。这次经历令她反思自己身上发生的改变："我思考了这件事，觉得自己可能是改变了一点点。"她不确定这种变化是否是一件坏事，虽然她能意识到这种改变或许会在她与家人之间造成隔阂："我猜我和我的兄弟们都十分照顾我父亲的情面之类的。并不是说他会压制我们的独立思想，但从某种意义上来说，我们总会感觉如果我们——或者至少我——尝试了什么新事情，就可能造成问题。并不是说我的父亲是这么个老古板，但他的确有些固执己见。"在大学校园里，她头一次感受到了能够反思这些固有认知的自由。她的父亲在观点碰撞之初对她产生的看法表现出排斥的态度，这并不奇怪。他们并没能在这些对话中共同成长，她的父亲也没能更好地理解她新生的理念，相反，沟通的渠道被关闭了。在那次碰撞之后，贝姬决定保留自己的观点，自此避免在家里讨论自己的课业。对贝姬的父亲来说，他错失了一个了解女儿的机会，而对曾希望同父亲分享所学的贝姬来说，这是一个让人沮丧的现实。

浮出水面的冲突并不仅仅同视野开阔后产生的宏观哲学分歧有关。随着青年向成年期过渡，其父母常常难以在关切及对联系的渴望与适当的私人空间和自主权之间取得平衡（Koepke and Denissen，

2012；Laursen and Collins，2009；Seiffge-Krenke，2013）。而由于青年居住在校园内，其父母也失去了直接干预他们生活的能力，也很可能感觉这样的行为不再那么合适（Parra et al.，2015）。青年有关行为和生活方式的选择可能会同父母辈的期望产生矛盾，并为重议创造出一个象征性的战场。

鉴于学生离家在校期间享受的自由，当他们返乡时，过去的规矩通常会被重新提起。例如，大学生在校园里并不受宵禁限制，他们的父母也不再有权力作出诸如他们该何时上床睡觉之类的决定。但当他们归家后，父母通常期待他们能够重拾离家之前的规矩和期待。对于已经在校园里尝到自主滋味的学生们来说，这些规矩可能已经不合时宜了，他们会对这些旧的行为规范感到愤怒。这种对规矩的抵触并不仅仅是叛逆，而是一次让学生们开始主张自己独立性的机会，是一种成长并找寻属于自己的道路的方式。通过对其中一些控制权进行重议，在自主权和对家庭生活的尊重之间找到平衡点，这些紧张局面最终将得到解决（Scabini，2000；Scabini，Marta，and Lanz，2006；Tanner，2006）。

迪伦表示，因为不必担心来自父母的否定，自己在大学里感到更加自在。他说："不用担心音响，不用担心锅碗瓢盆，不用担心任何事情。简直自在太多了！"他进一步意识到，"在大学校园里生活过之后，我不认为我能够回到那种家庭环境中去了"。放弃大学里的这些自由是困难的——即便只是小事，也是一样。梅里尔也很享受这种远离家人与家乡社区的"监视之眼"的探索机会。

在家里，我不能尝试诸如酒精和烟草之类的东西。

我对这些并没有欲望，但即使我有，在父母和我家乡小镇的社会环境下进行这种尝试也是很困难的。在这里，我是自由的，并且——如果我想——我本可以沉沦到底。打个比方说，我本可以每个周末都醉生梦死，诸如此类。我的确也尝试了些许，不过发现这些并不适合我，我对此不感兴趣。但这时，我才真正知道我不感兴趣的感觉。尝试某些事情，了解它们是什么样的，然后才确切地知道这不适合自己，并不仅仅从别人口中了解。

最终，她得出的结论同她父母曾试图灌输给她的相似——不同的是，她这么做时带着只有从自主决定中才能获得的自信。

当被问起第一学年结束后回家的经历，卡尔描述了他的父母面对他在校园里经历的自由时涌起的内心斗争："我的父母常常不知该作何想。校园里发生的事情让他们感到惊骇，他们很难适应。"在短期归家之旅中经历的紧张感令他担心如果住更长时间会发生些什么。卡尔解释道："这非常难，我想知道今年暑假会怎么样。类似春假这样的一周时间并不算太糟糕，因为你知道自己是要回学校的，回去了你就能按照自己的心意生活了。我现在差不多是带着一种要同我的父母妥协的心理准备回去过暑假的。我真的很尊敬我的父母，同他们的关系很好，也能同他们沟通。然而，这将会很难。"他意识到自己可能需要同家人重议双方的关系，也希望能够这么做，但他理解这个过程将会是具有挑战性的。

虽然家规可能可以轻松重议，但青年的个人风格会为不断变化的家庭关系动态带来另一个争议点。在上大学之前，由于青少年开始表达自我并开始探索个人风格，家长和青少年之间的争论并不少见（Montemayor，1983；Smetana，2011）。在初高中阶段，青少年越来越多地使用属人管辖权的论据来说服自己的父母同意自己的观点，同时断言自己理应能够在诸如衣着和发型等事情上作决定。父母则通常根据强调他人将如何看待青少年的社会传统进行反驳（Smetana and Daddis 2003）。

关于外在自我表达和改变社会认知的疑问在各个世代中都很常见，比如 X 世代的显眼文身和 Y 世代的身体穿孔或打耳洞。诸如此类的矛盾赋予了年轻人又一个抽身而去并主张自主决断力的机会，这是他们在大学时获得不断增长的独立性的反映。当年轻人选择以蔑视父母权威的方式来表达自我时，家长很可能会感受到控制力和影响力的丧失，这将产生另一个争议点与一个象征性的战场。对于父母而言，一项困难但至关重要的任务是在年轻人离家时放弃控制这类个人决定的企图，当自己的孩子去作父母并不认可的选择时给予信任（Aquilino，2006）。父母需要认识到，这些决定是自我认知探索的必要过程中的一部分，而并不仅仅是对父母或其生活方式的否定，这样父母才能够在一个更广阔的成长背景下更好地理解那些他们或许并不能理解或认可的选择。

卡尔在大学四年里经历了许许多多的变化，追踪其成长过程的一个有趣方式是看他对自己及他人的头发长度的看法。卡尔第一次提起头发长度是在第一学年结束后准备暑假回家时。在那个时候，头发长短代表着他同时所处的两个不同的世界——校园里的长发反映了摩登世界和他在学校里拥有的自由。与之相反，短发代表着一个更为传统守旧的生活方式，这令他联想到家乡，尤其是他的父亲。他知道，留长发的决定将在回家之后让他显得特立独行，但也是展现他的改变之巨大的一个显著标志。事实上，只要在剑桥之外，卡尔就会感觉到外界对于发型的不同态度。他谈起自己假期第一次回家的经历："我真的感觉到自己的头发很长，但在这里我并不觉得它长。"

每次卡尔离校时，关于头发长度的话题都会带来持续不断的紧张气氛。他解释了家人对他留长发的一贯反应："每次我回家的时候，我头发比较长这件事都会激怒我的父母。"他知道，暑假在跟着担任建筑主管的父亲去工地工作时，这场斗争将达到白热化："我很确定他会逼迫我把头发剃得很短。"他对这个现实感到愤怒。他父亲很可能任由工地上的其他工人保留长发，而他的头发却可能被迫剪短，这个事实也让他感到很沮丧。这在他看来是一种"双标"，让他很烦躁。

大学毕业时，卡尔能够很自在地留长发了，即便这同父母的期望相悖。然而在那个时候，长发已经不再是潮流——即便在大学校园里也已经不算了。他抱怨"很多人都把头发剪短了"，也注意到"所有去年还留长发的朋友今年都剪短发了"。他似乎感觉有点被这个改变背叛了。卡尔并没有做好准备放弃自己的长卷发，他意识到这个发型仍然象征着他在学校拥有的自由："我很享受我的长发，因为在家时我永远不可能留这么长的头发。"通过作出这样一个

个人选择的自主权给他带来了一种力量感，他并没有准备
好放弃它。

　　从青春期晚期至成年期早期之间，误解持续存在，而交流一直
减少（Parra et al.，2015），即便如此，年轻人依然有一种同父母分
享自己的新想法和新观点的深切渴望。虽然分歧通常集中在亲子
关系上，但这些关系仍然是信息和社会性支持的主要且可靠的来源
（Helwig，2018）。尤其在大学的最初几年里，很多学生尚未同足够
信赖的新朋友发展出深刻而长远的关系，这些关系会变得越来越重
要。最终，他们想要被倾听、被理解，这样才能更多地分享自己的
大学经历。在大学生涯的探索过程中遭遇问题时，他们可能也需要
父母的建议和认可。事实上，家庭沟通仍然很重要，并且与社会支
持和自我认同发展的认知呈正相关（Bosch et al.，2012）。
　　报告显示，青年与其父母的沟通相较于青少年期更加开放
（Lefkowitz，2005）。这种转化可能很难，但它最终将导向一种更加
令人满意的关系（Morgan et al.，2010）。在父母与年轻人的关系中，
信任、安全感和沟通最终都关系到后者的福祉与成长（Bohn et al.，
2019；Hiester et al.，2009）。然而，想要有开放的沟通，就需要对亲
子关系进行重议，并学会新的相处方式。

重议亲子关系

　　数十年以来，重议亲子关系一直被心理学家和育儿专家认为是
青少年期和成年早期的一项主要任务（Laursen and Collins，2009；

Montemayor，1986；Steinberg，2001，2014）。重新塑造亲子关系的过程是发展自我认同的一个核心部分（*cf.* Erikson，1968）。这个过程通常被描述为从单向支持关系向互惠互利关系转变（Belsky et al.，2001；Guan and Fuligni，2015）。当认识到其子女逐渐成熟时，父母能够更轻松地在这个转变过程中同子女维持一个温馨且支持性的关系（Aquilino，2006）。经过重议的关系让年轻人既对家人负责并产生认同，又对自己负责（Tsai et al.，2013）。

　　然而，我们仍不太清楚这种重议是如何发生的，也不清楚在其发生之时青少年及其父母的经历是怎样的。在我们的访谈中，学生们描述了探索亲子关系中的主要挑战，这提供了有关这个过程的新见解，也提出了不同的可能结果。通过分析，我们确定了三种可能的重议方式：认命服从、假意妥协和真实决断。每个过程的起点都是认识到不同思维领域的存在，并意识到父母的观点可能与自己的观点不同。为了解决这种不和谐，学生和家长需要彼此倾听。然而，这种沟通可能很难实现，尤其是在情绪激动的时刻或存在童年遗留的长期问题的情况下。最终，正是这些讨论的数量和质量导向了三种不同的结果之一。

　　认识到观点和价值观的差异，再加上无效的沟通和不断疏远的距离，通常会导致我们所说的认命服从。对于在青春期较少从父母处获得支持性关系的年轻人来说尤其如此（Johnson et al.，2010；Lopez，1991）。伴随着认命服从，年轻人通过向其父母的愿望与期待"投降"来取悦他们，但并没有完全地内化或接纳他们。迪伦积极地对抗着家人对他成为律师的期望。他说："我刚来这里的时候做出了反抗。在过去的两年中，我甚至完全没有考虑过法学院。"虽然迪伦最初坚信自己会选择自己的道路，但他最终还是在父亲的要求前软化了立场。他描述起自己感受到的服从压力："所有除我之外的力量都在说，'去法学院。要么去法学院，要么错失良机'。我爸说，'天啊，你还没有准备好去法学院吗？'"最终，他决定遵循计划在大四期间申请法学院——和大一时他宣称"我做什么也不会去法学院"时的坚定相比，这真是一个戏剧性的转变。

迪伦的决定反映了认命服从，而不是内化并接纳。根据他与父亲现在的关系，远在最终决定成为一名律师之前，他就已经预料到了这个结果。大二的时候，他认识到了这一点，表示说："我可能最后就按他希望的去做了。这就是整件事搞笑的地方。他的想法是那么简单明了，而我的处理方式是如此复杂迂回。然而，为什么我就不能用一种简单明了的方式思考这件事情呢？这好像就是我的内心想要告诉我自己的。如果我能用简单的方式处理，事情本可以简单很多。"他从未感受过自己作出这个决定的自由，这就导致这次经历令他百感交集并感觉沮丧。服从父母期望的决定通常包含着一种认命的意味。在这个案例里，迪伦接受了这个决定，并从他父亲那里获得了支持，但他仍然不能确信这是否真的是最优的选择。由于这个决定并不是通过开放式对话达成的，他对服从的想法感到愤怒，并仍对自己在做有关前程的重要抉择时的自主意识感到不自信，这些挥之不去的疑虑将烙在他心头，在他做出追随既定之路的抉择时破坏他的信心，他对此进行了反思："这对我来说是难以接受的。如果我要去法学院，是什么让我去的？是为了他，还是为了我——最好是为了我！我要说的就是这些了。"

在一项关于家庭沟通关系的研究中，博世（Bosch）、塞格林（Segrin）和柯伦（Curran）（2012）发现，"对话取向"和"服从取向"同自我认同的发展和父母支持都有类似的关联性。他们并不认为服从性的沟通风格有积极作用。迪伦敲定了自己的职业选择，从表面上看，这似乎解决了矛盾。然而，他的经历提供了一个可能的例证，说明由于探索的过程受限，认命服从能为个人成长提供的机会是有限的。

在整个大学时期，贝姬都挣扎着想要在父母与自身对未来的设想中找到平衡。她对成为作家的渴望使这种挣扎达到了顶峰。她描述了这个领域对自己的一种天然吸引力，并回忆起自己早年与文学的连结，以及儿时是如何"读遍图书馆里每一本奇幻书籍"的。她想到家乡的朋友总说起她"一直想做这个"这一事实，让它看起来是自然而然的道路。然而，她的事业选择同家中其他成员的职业轨道大相径庭。有着一位从商的父亲和一位刚刚从 MBA 毕业的哥哥，她深知偏离"传统"事业会引起何种反响。当她向家人讲述自己的计划时，他们断然拒绝了她的想法。贝姬的父亲甚至告诉她，她如果想要从事写作，就会变成"那种自作聪明的女人"。她意识到，她父母对于她设想未来的尝试，对于她不依赖他们来帮她进行如此重要的决策这件事，是"不乐意或不理解"的。她解释说："最终，结果就是我们不怎么谈论这个话题了。"并再三向访谈人员和自己信誓旦旦地说："我从来没有觉得他们在逼迫我，事实上，你知道，没有的事。"然而，在缺少家庭理解的情况下，她对职业轨道的困惑仍持续存在着。当她发觉成为一名写作学教授而不是作家或许能让父母对她的职业选择更有信心时，这种困惑愈加明显。贝姬试图假意妥协，选择一个更容易被家人接受的职业，而不是自己真正想做的，这带来了她的家人终将更支持她的目标的希望。

在试图在自己的目标上做出妥协后，贝姬仍然担心自己无法从家庭获得真心的支持："我只是希望他们能够对我做的事情更感兴趣一点点，多为我感到骄傲一点点。他们并不会特地说：'噢，你想成为一位教授啊？太棒了！加油，宝贝！'"她进一步总结道："我并不觉得他们在劝阻我，但他们也没有真正地鼓励我去做那件事本身。"她对于获得父母认可的渴求让这原本就让人有压力的时刻更加复杂化了。这是她第一次试图不惜忤逆父母期望也要坚持某事。对自己的计划更加自信，意味着她必须接受或许永远都无法得到父母真正的理解或认可的现实。

面对家庭支持的缺失，贝姬最终开始质疑自身的直觉。她解释了自己的心路历程："我扪心自问，我真的想选择英语言文学专业吗？还是这仅仅是我一直以来自说自话的自我迷思和对文学生的谬见。"即便如此，她还是对自己的目标坚定不移，总结道："但我真的想不出自己还想从事什么。"她无法想象自己仅仅因为得不到父母的理解和支持就放弃这个目标。然而，要在对抗父母期望的同时拥有信心是很难的，尤其是当她向父母妥协的尝试未能带来任何改变后。

对其他学生来说，假意妥协让危机在表面上看起来得到了解决，但关系并未在这个过程中得到重议。正如克洛普（Kloep）和亨德利（Hendry）（2010）发现的，这种模式类似于父母也带着某种遗憾、勉强或矛盾的心理对年轻子女放手的情况。这些父母担心自己没有足够的影响力，无法帮助自己的孩子规划出一条成功之路，却还是难以放手。朱迪丝同父母最核心的矛盾反映了这种假意妥协，她描述道："曾经，我对他们很生气，为他们回应我话的方式感到义愤填膺。现在，我想我能明白他们了。我想我更能理解他们为什么会相信自己做的事情，但只要他们不理解为什么我会相信自己做的事情，我们就仍然不可能有真正的沟通。"朱迪丝解决了自身对自主与独立的需求。然而，她看到父母挣扎着想要找到他们自身的平衡，而这有可能会阻碍她本身的成长。如若双方不能真心诚意地相互沟通，这些紧张的局面就不可能被化解。

朱迪丝描述说，她的父母最终接纳了她，但却是以回避问题而不是解决问题的方式。她解释说："最近，当我听说父母或多或少地接受了我的行为处事，但却是因为完全错误的原因时，我非常震惊。基本上，他们的态度就是'噢，我猜她疯了。我猜我们只能接受事实，接受她现在的样子了'。他们肯定是不认可的，甚至并不能真正地理解，但他们只能选择某种意义上的接受。"大一暑假期间与家里达成和平共处的状态后，朱迪丝总结道："是啊，从某种层面上说，在家的日子变得更轻松了。是的，但是从其他层面看，事情也变得更加困难了。现在，我觉得自己能够更加轻松地同家里人相处，不用大动肝火什么的。所以说，事情变得顺利些了。"然而，没有任何事情得到解决，问题只是被蒙上了面纱，被避而不见。她并没有同家人进行开放式沟通的机会，这种沟通本可以让他们了解并有可能理解她。类似这样的假意妥协或许最终让年轻人不再愿意回家，并且在这个过程中，有可能加重紧张气氛，动摇家庭关系。事实上，朱迪丝已经开始思考为自己与家人拉开这种距离会有怎样的结果，并开始想象在财务允许的情况下如何做到暑期不再回家。

在已经试图向家庭做出妥协并感受到无法追寻自己梦想的压力的情况下，贝姬还从母亲处感受到了关于性别角色的额外压力。作为对其母施压要求她将相夫教子摆在首位的回应，贝姬向我们描述了这些信息怎样支配了她的想法："如果我是一位没有孩子的职业女性，或没有结婚，他们会非常失望。又或者，如果我是一位职业女性，而且白天没有多少时间在家，这也是一个问题。我的母亲会对我说'你放学时我如果在家你总会很开心'这类的话。这话没错，我想这也是我现在需要考虑的问题。"虽然她能够理解母亲的观点，但她并没有做好准备向这样的未来人生完全妥协。她觉得自己原本想成为作家的计划实际上是消解这种压力的最好选择，她解释说："我还是想要有一份职业，我想写作。"最终，她在这样的潜在妥协中看到了一丝希望，她意识到"写作是一件我无须被迫放弃相夫教子等的一件事情，我很幸运"。这个顿悟帮助她展望了一条在尊重家人顾虑的情况下通向其个人与职业目标的道路，虽然她也清楚家人可能永远不会全心全意地支持自己。最终，她不得不放弃取悦他们的想法，自己作出选择。贝姬描述了维护她未来想做的事情带给了她聆听自己心声的信心，即便她的家人无法接受她的计划，她特别说道："我不再如曾经那般受困于父母意志。"

当年轻人发现父母根本无法接受自己的成长方向时，他们可能会彻底背离父母。在这类情况下，年轻人通常会承认自己必须跨越一道通往不归之路的节点，在此之后，即便父母再失望，自己也只能奋力前行。他们只能希望父母最后会理解自己。最终，这个决定本身能够带来一种赋权感。加里意识到自己能够不去在意外界评论，他描述道："我不觉得自己的行为或思考模式有必要符合故乡旧识们的期待。"伊莱恩回顾了自己所经历的转变，指出："我知道，如果我只是按照父母的真实期望按部就班，我自己的很多愿望就会落空，很大一部分自我也将被忽视。从某种意义上来说，我感觉自己经历的种种就好似跨越了鲁比肯河一般。真的没有回头路可走。"年轻人从这些决定中收获了独立，然而也错失了原本可以在他们作出重大决定时提供帮助的来自家庭的建议和支持。这是另一种形式的假意妥协，其间一时的紧张局势得以消解，但却是以关系本身为代价。

虽然认命服从和假意妥协看似让关系中的冲突得到解决，但这两种方式都不是解决矛盾核心问题的长远之计。相比之下，真实决断直击问题根源，并在此过程中调节双方关系。当学生能够发现家乡与校园间的不同之处并看到其中的价值，且能够将这些不同之处调和融入自己的自我认知与观点之中时，这种解决方式就出现了。这并不一定意味着背离家乡的观点或信念。由于时间和距离的优势，一些学生加倍致力于思索其家庭认为有价值的道路。至关重要的是让学生有机会反思其他选择并与父母就此进行开诚布公的讨论，以便真正解决问题。即便最终遭到否决，考虑其他选择的机会也让这些年轻人得以在作关于自身未来的重大决定时发挥作用。

真实决断意味着学生们回家时能做真实的自己。当他们回到家乡和家人身边，已经不再是当初离开时的那个人了，而已经有了进化的自我意识。在这个过程中，他们同父母的关系可以得到回暖及稳固（Lindell et al., 2017; Tsai et al., 2013）。追寻自己构想的道路，犯错并从错误中学习，培养自己的独立意识——如果学生们能够做到这些，并一直同家庭保持联系、获得支持，他们就能获得自信并达成真实决断。朱迪丝描述了家庭背景下的个人目标及同家人的沟通，总结道："我更加坚定了，也更加确信自己想做什么。"伊莱恩也描述说，由于能够同父母谈论自己不断变化的未来畅想，她的自主意识得以不断成长，并总结道："我想我更有自信自己作决定了。"如果没有真实决断带来的增益，这些积极的结果都不可能达成。

卡尔原本设想自己移居剑桥就算永远离开了家乡，指出："我一直认为自己是不会回到乡村的。"他在学校的一系列经历及享受接触的不同世界观为他打开了世界的大门，这也似乎巩固了上述结果的可能性。在大三临近结束的时候，卡尔向我们解释了他长久以来是怎样和家人渐行渐远、逐渐失去联系的："我回家的频率一年比一年少。"然而，在大四快结束的时候，卡尔被拉回了家乡。通过重新开始与父母进行开诚布公的交流，他得到了在父母对他未来的设想与自身的设想之间进行真实决断的机会。他描述说，这样的改变让情况发生了转变：他得以接收父母的反馈并从他们的建议中获益，并最终意识到，"我能够以全新的眼光看待很多事情了"。随着早期的一些诸如关于他发型的争论和关于他昭示自主权的斗争等矛盾得到清除，这种关系动态得到了真正的发展。最终，他解释说："我发现我又回到了自己的根基所在，我想我也很可能回到乡村。"只有在发现回家时能做最真实的自己时——离家后经历了改变但仍然深深扎根于生养他的故乡，他才能作出这个决定。

从看见不同的观点和冲突到真正解决了矛盾的关系，这一通路只有通过沟通和谈判才能实现。远行造成的距离为年轻人提供了一种在同父母磋商但不由其指导的情况下自行解决问题的空间，这种空间既是物理上的，也是通过联系与互动的减少实现的（Lindell et al., 2017；Parra et al., 2015）。通常来说，人们认为年轻人之所以会疏远父母，只是因为追求分离与强烈独立这个隐秘目标。然而，与之相反，我们的数据显示，年轻人是因为发现自己无法真正地同父母分享他们正在成为什么样的人，才疏远父母的。他们害怕自己"小荷才露尖尖角"的自我意识会在盛放之前就遭受否决。

对家庭关系的重议是复杂且不可避免的，这也是向成年期过渡的更大发展任务的一部分。要促进向真实决断的过渡，父母需要聆听，而不是评头论足或越俎代庖。同样重要的是，他们需要对年轻子女发展过渡中的所有阶段保持开明的态度，认识到自己的孩子是愿意与家乡和家庭维持紧密的联系的，甚至在他们的选择看似是某种形式的拒绝时也要如此。年轻人也需要来自所信赖的成年人的支持，同时还想证明自己可以变得独立自主。最终，年轻人得以实现目标、发挥潜力，父母也将感到骄傲、欣然接纳，双方都将从真实决断中获益。

对家乡友情的处理与发展

同家人一样，家乡的朋友同年轻人有着关于人生大事的共同回忆，其过往也相互交织。对于学生们来说，这些友情是造就他们的一部分，也帮助塑造了他们的观点与兴趣，因此若能将其中一些友情延续到成年期，是有益的。家人之间即使存在矛盾也可能维持关系，而友情则可能消褪或被抛弃。即使这些关系影响深远，在年轻人远走他乡、发展新关系并获得自我成长后，许多高中时代的友情也变得难以维系。家乡的朋友，无论他们是留在自己的社区还是同样离家求学、工作或参军，也在彼此分别的时间里成长、改变了。这些同时发生的变化可能在老朋友之间造成越来越大的鸿沟。

当琳恩第一次从大学返乡时，她惊讶地发现自己和朋友们之间的差别竟然变得如此之大。她回忆道："在圣诞假期，我只同少数几个朋友见了面。我同他们还是有话可说的，但共同话题却没有那么多了。这真的让我非常沮丧。"她知道自己已经不可回头地改变了，而他们在此期间也发生了改变，这让她产生了一种失去曾经自己生活中核心主角的无奈感。她意识到自己的友谊将不断遭受类似的挑战，甚至还会随着时间的推移愈演愈烈，只得无奈地总结道："我想这就是我现在要面临的问题之一了。"不过，她仍然对于重修旧好心怀期待，也考虑在这次长假重新建立关系的价值："这个夏天将会很有意思。我将和他们中的一些人聚一聚，看看情况。我觉得等我在这个暑假和朋友们聊一聊后，我就能弄清楚自己到底改变了多少。"

迪伦试图理解在大学的头两年里自己同家乡朋友之间产生的距离感。他发现自从离家上学后，身后的一切都变了，他描述了这种状况对自己与老朋友间的互动造成的影响："所有的一切似乎都完全不同了。我无法同任何事情产生连接感。我会和自己认识六年、七年、八年的老朋友聊天，但却无法再像一直以来的那样放松或同他们产生共鸣。"到了大二，他意识到自己无法如预想的那样"丝滑"回归到这些关系之中，且这种距离感只会随着时间的推移而加剧，这令他感到不安。他试图去理解这种变化："我曾经觉得这都是上大学造成的。我观察着其他事情，试图弄清楚为什么这会发生在我身上。那是一段艰难的时期，有时候我会看着自己，然后突然对自己该怎么做感到恐慌。"最终，他接受了这些变化。同琳恩类似，他在大三结束的时候发现了维持这些新的（尽管已经改变了的）关系的价值："我不再为此感到困扰。现在，当我回到家乡，当我同一起长大、一起读高中的人们交谈时，我会自然而然地从不同的角度去看待他们。"尽管这些他最初感受到的亲密纽带已经变得面目全非，但他依旧认为维持这些关系是重要的：

> 我并不想和家乡的朋友变得完全没有共同话题，不愿同这群朋友失去联系，因为他们就像这里的其他事务一样，是我的组成部分。此外，我心里还有另外的顾虑。我不应该同我的过往、我的老朋友和曾经的生活方式失去连接。对我而言，保持这个状态似乎很重要。或者并不只是维护这些友情本身，而是只要能在街上碰面时说一声"嘿，过得怎么样啊"就好了。我应该保留过去的自己，这很重要。

通过承认重议并维持这些关系的价值，学生们通常会在过去和现在之间建立起一座如迪伦所描述的桥梁。

伴随着家乡友情的遗失、变得陌生或渐行渐远，一种空虚感将不可避免地浮现出来。当学生在校园建立新的社会关系后，这种失落与孤独的感觉会得到治愈（Kyle et al.，2014；Tognoli，2003）。大部分高中生都听说过他们将在大学期间找到人生挚友的说法，往往很期待找到这种友情。自然，在大学里发展出深刻的联结，满足获得亲密友情的需求，是需要时间的。因此，学生们在初入校园时，尚未有机会跨越表面肤浅的人际交往、建立亲密的关系，可能会感到孤独。

值得注意的是，脱离家乡的挑战对当今的学生和20世纪70年代的学生来说都一样真实。我们记录的"琼斯一代"重议关系的各种挑战与Z世代所经历的，并不像我们最初预想的那样不同。的确，现在的年轻人会在探索怎样脱离家乡的同时，与那些被他们抛在身后的生活保持一种数字化的联结。数字足迹将从家乡一路伴随当今的学生到学校，因此当进入大学时，他们或许并没有同样的重塑自我的自由（Stephenson-Abetz and Holman，2012）。虽然如此，与家乡之间的物理分离仍然让他们得以进行这种身份探索与边界试探。只是数字系链的存续可能让这个过程不那么随心所欲。

社交媒体、电子邮件和短信的存在让今天的青年能够在整个离家期间与家人保持一定程度的联系。学生们描述说，因为能够进行直接交流（电话、短信、电子邮件和私信）和间接交流（分享网络帖文和浏览他人帖文），这种便捷让他们不那么想家，也同家乡有了更深的连接感（Stephenson-Abetz and Holman，2012）。然而，这种交流的便捷会导致一种分离期间没有发生多少改变的感觉（Kanter et al.，2012），而这将在他们回家后被证明是一种错觉。

况且，年轻人很注意在不同的平台面对不同的观众如何进行自我呈现，以此在"新"与"旧"之间保持一些界限（Gardner and Davis，2013；Stephenson-Abetz and Holman，2012；Marwick and boyd，2011）。他们可能会在网站上打造自己的线上"人设"，以自己希望父母及老朋友看到的形象来同家乡的人们互动，而这种形象可能并不能真实反映他们的校园生活（Stephenson-Abetz and Holman，2012；Yang，2016）。学生们也可能会使用不同的社交网站或小号来同特定的观众分享自己的一部分身份与经历，这意味着学生在校园里丰富多彩的经历只能在线上得到名不副实的呈现（Livingstone，2008）。当年轻人回到家中重拾过去的各类关系时，已经发生转变的现实将不可避免地浮出水面，届时将会与这类被打造出来的人设形成更加强烈的对比。过去与现在之间的对比是我们的学生在开始重议家乡关系时面临的一项核心挑战，社交媒体的存在实际上并不是对这种对比的弥补，反而令其更为突显。

基本上，这些关于同家乡分离、在大学中找寻自我并在所有这些过程中维系过去的关系的各类挑战在各个世代都一直存在着。在第三章中，我们将看到学生怎样在大学校园建立新的社交网与友情，又怎样应对离家带来的孤独感。要建立起最终能让学生学会找寻自我、发现目标并克服成年之路上各种不可避免的挑战的基础，结交新朋友和寻找恋爱伴侣在其中扮演着重要的角色。

第三章

克服孤独，结交朋友

建立友情及确立亲密关系是青春期与成年初显期的核心任务（Collins et al., 2009; Erikson, 1963, 1968）。然而，离开家乡会打断现有的关系（Qualter et al., 2015）。正如我们在第二章中看到的，年轻人离家后，他们的友情将经历剧变。年轻人们建立起新的社交团体之前，在物理上离开了由儿时友人组成的支持性网络，因此可能感到孤独（Asher and Weeks, 2011; Paulhe and Brier, 2001）。这种经历被描述为"思友症"的暴发，其间年轻人会怀念过去在家时与最懂得自己的人们之间的联结感（Paul and Brier, 2001）。在得以发展出一段能在深度与质量上比拟其高中关系的友情之前，他们都会深感孤独（Perlman and Peplau, 1981）。

同高中时的朋友保持紧密的联系，必然对这段过渡时期有所助益（Swenson et al., 2008）。拥有一个一起念高中的朋友让年轻人有了一个可以信赖的同龄人，他们能够开诚布公地交流，也能互相提供精神支持。这种联系在大学生涯早期尤其有益，那时候的孤独感最为强烈，而学生尚未同自己新认识的同龄人建立起深刻且可靠的联系（Abbey et al., 1985）。然而，虽然维系与故乡的同龄人的关系有着这样的益处，但41%的高中友谊都在大学入学后消逝了（Oswald and Clark, 2003）。物理上的分离、人生目标的转变以及各种新奇的体验，这些结合起来无疑让曾经亲密的朋友之间产生距离（Paul and Brier，2001）。此外，年轻人在离开高中社交圈的时候，有机会选择哪些友谊可以延续下去，哪些友谊可以随风消逝，一个"整理"的过程就此出现了（Carstensen，1992；Wright and Patterson，2006）。

　　建立并维系新的社交关系显然是很重要的，但其发生的过程及随之浮出水面的情绪波动却鲜少在大学计划相关的话题中得到讨论。人们假设这些友谊会自然形成，并且认为深厚的联系能够通过共同的经历建立。初入校园的前几周通常充斥着各种有组织的社交活动及非正式机会，旨在帮助学生结识新朋友，然而并不是每个人都能找到他们所需要的联系。在最好的情况下，这段时期提供了一个空间，让学生得以找到新的社交圈子并建立真正的联系。在不太成功的情况下，学生可能得在或许本已令其倍感压力的环境中挣扎着建立有意义的关系，寻找归属感。

　　如果一些学生能够在中小学时期建立高质量的友情，那么他们将更有可能成功适应大学生活（Astin，1993；Fass and Tubman，2002；Lapsley and Edgerton，2002）。在大一时期找到属于自己的朋友圈与增强归属感是密切相关的（Buote et al.，2007；Pittman and Richmond，2008）。更有甚者，在大学结交新朋友可以帮助学生建立自我价值感，并为他们提供一个探索并磨砺自我认知新层面的视角。然而，一份涵盖逾26000名学生的全国性调研显示，其中有63%的学生表示自己在校园里感到"非常孤独"（American College Health Association，2018）。

　　由于缺乏对于友情相关问题的有意识的讨论，我们错失了良机，因为关系问题可能是大学生主要的压力来源（Jackso and Finney，2002）。我们的学生访谈提供了关于在校园里建立新关系的各种挑战的见解，并揭示了学生如何开始建立有意义的联系。虽说大部分学生最终在大学快结束时都描述了积极的社交体验，但他们早期在校园里的困难现实仍不容忽视。

结交朋友所付出的巨大努力

在我们的访谈中，学生们坦率地描绘了自己曾对在大学校园结交一群朋友怀有的期待，以及自己在"思友症"下的挣扎。其中一些人希望能够复制自己在高中时经历的友情，另一些人则畅想着能够在大学校园里找到自己不曾在家乡体验过的归属感。无论有着怎样的目标，他们通常都预想着能够"丝滑"对接大学生活并建立起有意义的社交联系。不幸的是，他们往往对入学后培养这些关系面临的挑战毫无准备。

弗兰克在找寻朋友这件事上出师不利，在他发现自己高中时结交朋友的方法在大学不再有效后，他意识到自己需要一个新的计划："这很难评价，和我的习惯好像不一样。这里的社交生活对我来说似乎变难了，这是我必须去适应的。在这个地方，要找到一个让自己想要进行社交的环境很难，因为这里的气氛很怪，我很难融入。"到了大二的时候，他已经从之前努力过渡的过程中恢复过来了，并总结道："大一对我来说是一个艰难的适应期，不过对现在的我来说，走上前同随便哪个人交谈已经变得容易多了。"

迪伦在初入校园时也经历过建立友情的困难。他在高中时期很受欢迎，也渴望在大学校园找到这种大家庭的感觉，但却发现很难做到："通过某个特定的群体来寻求自我认知，是我高中时熟悉的方式。这是一种归属于某种群体的感觉。但在这里却显得不合时宜，因为你不能突然说'咻，咻！我属于团体 A 或团体 B'。所以就很难。"面对建立新的朋友圈所需的各种努力，他并没有做好准备。加里意识到自己有很多熟人，但和迪伦类似，他没有一个稳固的社交团体。他解释说："我其实在这里并没有数量众多的非常非常亲密的朋友。事实上，你可以说，我有三个，而且我每天都在和人见面。我只是期待在更广阔的群体里产生更多友情。"和迪伦类似，他意识到自己需要在找寻社交联系的过程中付出更多的努力。

在经历一番挣扎后，朱迪丝回忆了自己的大一学年，并简单地总结说"我很孤独"，而卡尔宣布自己大学第一年的社交生活"不怎么样"。类似的感慨在我们的学生访谈中反复出现，几乎所有受访者都提到了自己在大学头两年中为了在校园里与人建立联系所经历的磕磕绊绊。为了试图理解自己的"被孤立感，张伟认定自己的同龄人"就是不太在乎其他人"，这让他感到被孤立了。玛雅回忆自己的孤独感，描述了自己的怅然若失："在这里我找不到人谈天说地。"在寒假回家后，她认识到友情的缺位影响了她整体的大学体验，她反思着这个认识，说："我 99% 为返校感到开心，但也有 1% 为此感到厌恶，因为我还没有在这里建立起任何亲密纽带。"

久而久之，学生们可能因为早期的失败经历而对建立关系感到气馁。由于未能成功找到任何真正的联系，卡尔在学年初将对于结交朋友的热情让位给了学术追求。他这样描述这段转变过程："大学入学后，例行的交际场面你都经历了一遍，但什么都没有发生。然后，你就开始在周五和周六晚上埋头学习，很快，一学年就过去了。"乔纳森描述了一个类似的过程："我的社交生活有点受阻。有那么两三个月，我挺自得其乐的，也常常出去玩，尝试各种事情。"

在此案例中，他建立的联系看似有意义，但都没能持续。一旦专心于学业，他就只能眼睁睁地看着这些初生的关系随风而逝。

与我们研究中的大多数学生不同，在加里所描述的高中生活经历中，他并不曾拥有一个亲密的关系网。他并没有经历失去友谊的"思友症"，反而因为有机会结交朋友、填补在家乡长久以来感受到的"心灵窟窿"而感到兴奋。他回想着其中的对比："在高中和初中的时候，我总觉得自己是一个局外人。其他人才是真正地体验着高中生活，而我被排除在外。"在大学里，他很高兴地发现很多情况发生了变化，兴奋地描述说："在高中时，我从没有像现在这样认识这么多人。"到了大二，他总结说自己同高中时相比"更受人喜欢，更受欢迎"，而且其向大学校园的过渡最终是积极的。但这样的情况很罕见；大多数学生——包括那些最终建立起牢固的朋友圈的学生——都认为建立友谊的初始阶段是艰难的。

大多数学生都感觉自己是在独自挣扎，以为建立新的友谊圈对自己的新同学们来说不知怎么就是要更简单一些，这更加重了他们的孤独感（Whillans et al., 2017）。然而，这一路上，学生们其实都遭遇了相同的挑战，承担了同样的挫折感。在大学里找到至交好友的主流说辞以及有关这个过程是多么艰难的具体论述的缺失，将导致他们在这段经历中感到形单影只。期待与现实之间的脱节可能让人感到孤立无援，并引发个人失败感（Keup，2007）。只需要了解到其他人也遭遇了这些挑战，就能让这个过程变得轻松些，并减轻这段过渡经历造成的负面情绪影响。

虽然从头开始建立新的关系和友谊所需的努力常常超乎学生们的意料，也被适应大学生活的有用信息所忽视，但我们的学生们还是提供了一些能够让这个过渡变得更轻松的洞见。这些访谈着重强调了学生们结识潜在朋友的情境，他们如何在此过程中奋力寻找出路，以及这些在大学期间形成的人际关系是怎样发展变化的。值得注意的是，这些学生们通常并不是在自己原设想的环境里找到朋友的，不在宿舍也不在班级中。共同的知识及课外兴趣才为创建真正的联结提供了最有希望的情境。

室友关系或能建立早期友谊，或令其破灭

分配室友与宿舍生活为学生发展早期的大学关系提供了两个情境（Erb et al., 2014）。学生往往特别期待自己能同室友建立紧密的纽带，盼望室友关系能成为自己社交体验的核心（Keup, 2007）。但在现实中，室友关系是大一学年中最可能令人担忧及失望的经历。室友配对的风险尤为高，因为学生要么会和自己的室友共同生活整整一年，要么中途寻求换宿，而后者并不总能如愿。

尽管这些经历有如此大的影响，但许多学生在这个过程中没有多少掌控权，也很可能根据回答诸如整洁度、作息时间及音乐偏好这类属性的调查问卷反被分组。学生可能并不会如实报告所有这些内容，这或是因为他们会以自己认为合乎社交偏好的方式来回答，或只是未能意识到自己认知中对于如"邋遢"或"整洁"的定义可能和他人不太一样。此外，诸如何时就寝等重要的细节也可能在学生离家之后产生变化，这就使他们的一些早期回答变得毫无意义。一些学生有机会在入住校园之前自主选择室友，然而即便是这样，这些学生在室友配对中也可能有不太好的结果，这是因为与人为友是一回事，与他们同住却通常是截然不同的体验。到头来，室友间

的冲突司空见惯：50% 的女性及 44% 的男性都表示自己曾遇到这类问题（Liu et al.，2008）。这些冲突将对学生们的心理健康造成重大影响。室友不和程度是整体压力水平的重要预测因素（Dusselier et al.，2005）。

问题并非仅仅在于学生并不总会同室友建立纽带。这些学生夜以继日地共同生活在狭小的空间里，这意味着由这种紧张感带来的情绪影响将延续到日常生活中。康纳对于自己的室友关系中的情感距离感到失望："我们每天最多说四分钟的话，从不谈论任何个人话题。我们只是聊聊课上发生了什么，我们找的那页纸在哪，诸如此类的。所以我感觉被孤立。"同康纳类似，乔纳森也描述了自己感受到的与室友之间的情感距离，他总结道，虽然他们共享同一个生活空间，但"我们没怎么见过面"。

当室友关系无法达到学生的期待时，他们会因为在校园早期生涯中所能拥有的最紧密关系中缺失的亲密感而感到沮丧。弗兰克在没能同任何一位室友建立纽带后感到自责，他总结说："我很不擅长结交亲密朋友。"与无法建立真正的联系的人共同生活令他感到孤独，他渴望有人可以依靠，也渴望真正的朋友，哀叹道："没有人对我说'你做得很好了，为什么不坚持下去呢'或'你做得不太好，为什么不试试别的'。这是一种没有人可以说话的沮丧感——你得不到反馈，也没有人倾听你的问题。"

雷蒙德对自己的大一学年最突出的记忆源自一段负面的室友关系。他被分配到一个三人宿舍，他同两个室友中的其中一人关系不太好。雷蒙德这样描述这段经历对自己的影响："这一年中最为不快的事情与我的一个室友有关。

他当时压力挺大的。你知道的，他真的没办法适应。一年中的大部分时间，他都让我和另外一个室友过得非常不愉快。情况后来变得很糟糕，我们不得不采取激烈的措施，试图逼他离开。"这个试图解决问题的举动反而让问题恶化了。雷蒙德叙述道："我们请他搬走，因为他对我们的影响很糟，他就对我们说，'哦，我才不管你们怎么想'，并说自己要留下。"即便这个室友最终从大学退学，他造成的影响依旧存在。他离开后，雷蒙德和剩下的那个室友意识到这段经历"在宿舍里制造了大量的紧张气氛"。雷蒙德对这件事情的发生及其对他大一学年投下的阴影感到沮丧。他知道这是极端情况，但并不是绝无仅有的。他从同宿舍楼的同学和自己的朋友处也听到了他们在室友关系中的磕磕绊绊，于是试图将自己的经历放在这样的环境中去分析。他总结道："我想，把素不相识的人凑在一起共同生活，这样的情况恐怕是再正常不过的事情了吧。"

室友失配的一个常见主题是缺少共同兴趣。共同兴趣能够让学生感受到联结感，或提供获得共同经历的机会。伊莱恩解释说："在大一和大二期间，我没能找到和我足够相似或拥有足够共同点的室友。我们真的不太处得来。我的意思是，我们相处得还不错，但我们就是没有足够的共同点。而且，虽然她并没有孤立我，但我也没能获得一群朋友。"玛雅室友的性情和她截然不同，她们难免磕磕绊绊："她是那种一年都不露出一次笑容的人。她并不是我那种想要亲密地朝夕相处的人。"这种错位会使室友之间联系的建立更具挑战性。

朱迪丝回想起相似的脱节感："我不能说自己有多了解自己的

室友，因为我们都有着完全不同的兴趣。她们感兴趣的事情都很不一样，而且常常出门，所以我并不总能见到她们。"她也承认："我和她们的相处没有任何问题。"能够共处并没能带来她曾希望找到的那种亲密关系。大一的生活社团是围绕共同的知识兴趣创建的，旨在支持同龄人之间关系的发展（Arensdorf and Naylor-Tincknell，2016）。然而，即便是基于共同兴趣组织生活社团，也并不能确保形成真正的联系。

　　室友的人数达到三人及以上，将给建立并维护联系增加更多挑战。如果无法同多数室友建立纽带，或者看到室友形成两两成组的排他关系，可能带给学生额外的压力，他们可能既感觉到被校园中宿舍外的同龄人孤立，又被排除在眼前正在形成的其他关系之外。马克斯回忆说"我不是'帮派'中的一员"，他描述了当他看见另外两个室友相互建立联系而把他排除在外时感受到的负面情绪。朱迪丝也描述了当她的两个室友变得亲密却不分享她们的联系时自己如同局外人一般的不愉快的感觉："我总看见她俩在一起，而她们对我就只是比较友好，但不亲密。"马克斯描述了自己的一些选择是怎样将他同室友分离开来并制造了这种疏离的状况的："他们一般待在客厅，而我大部分时间都在学习，所以我只能把自己锁在房间里，坐着读书。我想这就是令我同他们疏远开来的另一个因素。"

　　然而，即使未能形成紧密的纽带，有些学生也可能在共享的室友社区内找到慰藉。朱迪丝承认，虽然她并没能和室友成为朋友，但"只要有其他人在套间里，我就会觉得没有那么孤单。你知道只要你想要和人说话，可能就能在周围找到可以说话的人"。这些人的存在减少了她的孤独感，即使她并没有同她们发展出更亲密的友情。迪伦没有感受到朱迪丝的这种宽慰，他四处寻找朋友，到了大一结束的时候，他描述了自己是怎样完全杜绝了同室友的往来，解释道："我已经完全不待在我的宿舍里了。"

在大学里，偶尔也有一些学生比较幸运，能够立刻建立友情，他们描述了与同龄人一起生活的诸多益处。伊莱恩向我们解释了积极的室友关系的一个简单事实："当你有个室友的时候，你会倾向于与人走得更近一些。"加里总结出了一个类似的关联性："我想我真的特别幸运。就比如说我的室友们，他们就正好是我认识的一些人。如果他们分配给我其他室友，我可能永远都没有机会认识这个人，那个人，或者其他人。我可能就不能学到某些东西。"科尔解释说，"我的室友们都很棒。我觉得这是一个良好的分配系统，但我并不觉得我的观感能普遍适用，因为我认识的很多人就是没法相处得很好。"贝姬和自己的室友们相处融洽，也因为事情的顺利感到自己很幸运："我能想象，如果你不喜欢你的室友，周围也没有和你来自同一个高中的同学，这里可能会让人感到很孤独，是吧？"以上每一个学生都认识到了室友配对的影响力以及这件事的不确定性。能够足够幸运地避免在校园里目睹的众多同龄人的悲惨经历，他们都表示松了一口气。

在宿舍大厅寻找朋友

如果不能和室友成为朋友，更广阔的宿舍社区提供了一个额外的可供关系发展的环境。经常出没在宿舍大厅的学生通常会在楼层或入口处形成有凝聚力的社交网络，从而创造了另一些创建联系的切实机会。弗兰克描述说，大厅里有共享的公共空间，这能帮助关系的构建："我觉得这里更有一种团体精神。每个人都认识彼此，每个人都知道彼此正在做什么。我们更常拜访彼此的房间。"格雷戈里也在自己的宿舍大厅里发现了类似的团体意识："每个人都敞开大门，每天随时都会路过大厅。我喜欢这里的设置。在宿舍里生活很有趣。"玛雅同样感受到了自己和同宿舍区的朋友之间的联系："我找到了一个之前从未想过的团体。"虽然学生通常将室友关系视为关键关系，但这些学生在自己的套间、走廊和宿舍楼里找到了更广泛的社区，这为他们提供了所需的重要联系。

　　安德鲁回忆起自己大一宿舍的氛围是如何带给他真正的团体意识的："新生宿舍里的一群人都非常亲密。我们是一个紧密团结的群体。"最终，他对自己的社区有了一种归属感，提到："我在宿舍有一个巨大的好友群体，我们随意地聚在一起。"关于显示这些关系深刻程度的证据，他解释说："我们很亲密，事实上，我们在年底照了一张合照。我们当时都坐在宿舍入口处摆姿势。"这正是他一直希望在大学里找到的，他也很喜欢这些新鲜的友谊。

　　知识讨论能从课堂延续到宿舍，并将人们聚在一起，特拉维斯对这一点特别欣赏："我的另一个愉快的体验是同宿舍里的大家一起经历的，真的，就只是讨论之类的。每当有人听完一次有趣的讲座后回到宿舍，就会围绕这次讲座展开一场讨论，而且一定会吸引那些甚至没有选那门课的人们加入，这是一场真正的学习体验。"布赖恩也找到了与同宿舍的人进行深入交流并就此发展友谊的机会："我就认识了我们宿舍的几个人，但宿舍真的很小，可能有三四个人和我有共同兴趣，值得真正深入地了解。"

斯科特在宿舍内的关系发展方面走出了更远的一步，担任了领导者的角色："我是我们宿舍的舍长，因此认识了很多人。我现在几乎认识宿舍里的所有人，通过这个职位我也认识了宿舍外的很多人，这对我助益良多。"找寻这种归属感——即便并不以宿舍来界定——被证明是宿舍生活中积极的一面，并在学生探索其他与同龄人建立额外关系的途径的过程中，为学生提供了校园里的一个核心社区。

卡尔也向我们描述了宿舍中充满活力的社交氛围："我在一个很亲密的宿舍，所有人都是很好的朋友，我们会举办派对之类的活动。"不过，虽然卡尔同宿舍的其他学生相处得很好，也很喜欢这种友情，但这些关系同时也给他带来了压力。他提到一种"和一群全都承受着压力的家伙共同生活必然会产生的紧张感"。他发现一起生活的大家都"很有胜负欲"，而这种能量给他带来了负面的影响。这意味着在学校他永远都不能真正放松、放手。当回家探亲的时候，他很高兴自己回到了一个更放松的节奏。他解释说他需要先"充充电"，"我常常一口气睡上 14 个小时，整个人慢下来"，以此来舒缓所有来自校园的压力。

共享生活空间并不能保证额外关系一定能产生。和在宿舍里一样，与他人在宿舍里结识并建立联系时也会遇到同样的挑战。当迪伦挣扎地想要在宿舍区找寻联系时，他回忆起"甚至在你认识新人时，他们都只是和你见见面就回到自己房间去了"，这种被拒绝的感觉令他坐立不安。在没能同宿舍里的任何人建立联系之后，他最终把视线投向了生活区之外的其他地方去建立朋友圈。康纳也有着在校园里被孤立的相似经历。在一场让他倍感压力的活动过后，他想要向同宿舍的同学寻求帮助，但却觉得不好意思这么做："我从来没有真正觉得我可以就这么走过去加入他们。在路上遇到他们的时候我们会聊上几句，但我们并没有什么可说的。"在他需要的时候，他没能找到可以弥合鸿沟、寻求支持的方法。

在校园里感受到朋友的支持的学生更少经历焦虑，也有更好的生活质量，因此康纳的经历让那些损害情绪健康的深层次问题变得更为显著（Abbey et al.，1985）。当学生无法发展出亲密关系时，他们就有感觉自己不属于大学的风险（Pittma and Richmond，2008；Swenson et al.，2008）。正如凯文总结的他对于缺少亲密友谊的回应："我算是把自己隔绝在其他所有事物之外了。我变得不再那么热衷于社交。我仍然有朋友，也会出门，但没有那么频繁了。很多个周末我都懒得去管任何事。我周五周六晚上就待在房间里，这对我来说是巨变。"

总的来说，雷蒙德认为宿舍环境很难让人结识新朋友并同潜在朋友建立深入的联系。他回忆说："我和宿舍里的人不太熟。我认识住在我对面的人，我也认识宿舍里其他一些人。"在回想有关结交新朋友时的意外挑战时，他总结道："一般来说，我不觉得宿舍里的人相互之间有多少来往。我猜每个人都有自己的朋友，你知道的，宿舍外的。而且我觉得之所以这样，只是因为这里有太多各种各样的人了。有可能你被分到的宿舍里没有你想要亲近的那种人，宿舍里的人差不多只能算无关紧要的熟人。"被同龄人包围，却感受不到和他们的联结，这让他在大学第一年感到极度孤独。

食堂：社交场或独角戏

一起吃饭能够提供低风险且令人愉悦的社交体验，然而食堂也可以是一个充满焦虑的社交环境，让被孤立的感觉更加强烈。对于那些没有固定室友关系的学生而言，他们在寝室里感受到的疏离感会延伸至食堂。眼睁睁看着同龄人建立起联系，用餐这件事可能会成为他们有多脱节的具体实例。

朱迪丝思考起自己从小在一个大家庭里长大的经历是怎样塑造她对于大学用餐时的社交活动的期望的："你会习惯周围一直有人的感觉，而且会理所当然地认为晚餐的时候有人可以说话。因此当这些都落空的时候，你可能会觉得很失落。"她讲述了自己在食堂里遭遇的具体困难："大多数时候人们都只想和自己的朋友交谈，如果是你不太认识的人，吃饭时坐在他们旁边也没什么意义，因为他们是不会跟你说话的。"可以理解，这种对比令人不安。她独自吃饭，看着一群其他学生相互交际，把她晾在一边，这同她在家里用餐时的场景大不相同。

布赖恩描述了类似的用餐经历。他原本也希望自己能找到机会结交新朋友："你没法在食堂认识谁，这就是事实。你不能走来走去然后在某张餐桌前坐下，这些全都没用。"弗兰克回想起就连找个位子这件事都令他感到沮丧："是啊，我记得我绕着食堂走了好几圈，要么一个人坐，要么和另一个人拼桌，我没有看见任何一个我觉得可以很自在地坐下来一起吃饭的人。所以我会走开，一个人坐。"由于学生几乎三餐都在食堂吃，这种被排除在外或被孤立的感觉就会在日常生活中反复出现。

为了让自己在饭点面对成群结队的人舒舒服服一起吃饭的场景时不再感到孤独，弗兰克最终制定了一套策略："现在，无论什么时候我去吃饭，无论是独自一人还是通常和某一个室友一起，我们总会再找一个饭搭子。"即使他和他的室友并不是亲密的朋友，相互间的陪伴也让试图与某个群体建立联系这件事变得没有那么让他们不知所措。卡尔对自身食堂经历的描述解释了为什么弗兰克和他的室友在探索社交领域时会感觉到一种"抱团"的需要。他描述了一种非常不同的气氛："我的大部分好朋友都属于一个十人成群的朋友圈，我一直和他们一起吃，有时候这有点拉帮结派的意思，但真的没法避免。"我们可以很容易地想象，当弗兰克和布赖恩找人一起坐下吃饭时，在靠近类似这样紧密团结的一群人时会感觉不太舒服。

食堂宿舍之外，还能去哪儿寻找朋友？

学生们可能会期待自己在课堂上结识朋友，特别是当他们无法与同宿舍的同龄人建立很好的联系的时候。然而，这个场合并不总是建立长久友谊的最好选择。大多数课程不含个人情感的性质及学生之间互动的匮乏共同破坏了在课堂结识潜在朋友的环境。就学生在大学头两年中经常参加的基础大课来说尤其如此。布赖恩总结得很干脆："在课堂上结识新朋友太难了。"而乔纳森则描述称："仅仅在讲座中认识人是非常困难的。坐下来就很难了，我的意思是，因为你如果坐下来说'你好吗'，你会觉得自己很傻。你知道吗？"这些经历让人感到做作及不真实。

克雷格描述了这种情况与高中课堂的亲密程度有多么不同，以及他对此感到多么沮丧："课上完了，大家都没记住彼此的姓名。你知道的，这简直荒谬。太蠢了！一堆人聚在一起，每周三到四个小时，持续二十六周之类的，结果，你知道吗？都不记得名字，只是'嘿！我可以借一支铅笔吗'。你去过这么多高中课堂，不知道每个人的名字的情况有多少？这可能真的不是一件小事。"在访谈中，这种关于记住别人名字的观点反复出现。朱迪丝解释说："我参加的所有课堂都充斥着一种不含个人情感的态度，这只是说那些庞大的讲座课程。分小组有时候会让情况有所改善，然而有时即使是在组里，你也永远都不知道别人的名字。"贝姬也表达了相同的观点："有可能每年中的很多天你都和某人在同一课堂里坐在一起，但却永远没能和任何人好好认识。"这些表述的潜在含义在于学生们花很多时间相处，却无法找到任何机会创建真正的联系，甚至连引发那种有可能建立一段新友谊的对话的机会都没有。

随着学生们从大型讲座课堂转向规模更小的专业研讨会，围绕共同兴趣建立关系变得容易了一些。尝试在讲座课堂上找朋友失败后，乔纳森也这样总结："想要认识人，你必须参与小班授课，这样才可能和某人成为朋友。这是最好的方法。"朱迪丝同样回忆说："我最愉快的经历之一发生在我的说明文写作课上，这个课堂很小，我们确实互相记住了名字。"她还发现，某门艺术选修课上的同学帮助她感受到了联结。她描述了这件事如何缓解了自己最初在校园里体验到的孤独感："参加一门小型艺术课程之类的，在那里你可以和人交谈，这也有帮助。"不幸的是，这类有助于建立关系的专业课程只在大学后期出现，并且往往不能成为在大一新生度过最具挑战的时期时为他们提供支持的环境。

　　琳恩描述说，她找到了与自己喜欢相同学科的同学，并在第二学期时基于这件事发展出了一种归属感。上了高级课程后她找到了自我，不再迷失于学生的茫茫人海："我终于熬过了入门课程，课变得更有趣了。现在，我和那些对这个学科非常感兴趣的人一起上课，他们是因为自己感兴趣才来上课的，而且分数也没有那么重要了。所以，这非常好。他们都是真心欣赏着知识并为之感到兴奋的。"对于找到和自己有共同兴趣的人的可能性，她心潮澎湃："这里有像我一样喜欢花尽可能多的时间待在化学实验室里的人，有喜欢谈论诸如数学问题的人。例如，我无法想象在高中时期有谁会花一整天的时间阅读一部德国戏剧，或者有谁会将它来回翻译，正如我上周日所做的那样。原来是不会有这样的事情的。"当回顾大一学年时，她描述了自己是如何通过这些共同话题找到归属感的："就知识而言，我找到了一个地方，那里的人们对我正在做的事情也感兴趣，并且和我有同样的动机。"她因而总结第一年的高光是"迄今为止我遇到的所有人，都是真正有趣的人。我想他们是我所拥有过的最好的朋友"。

识别共同兴趣是建立友谊的关键

　　学生们往往对于自己并没有在宿舍或食堂结识到最亲密的朋友

感到惊讶。在大学的头几年里，他们中的大多数人还没有去过有助于建立友情的小型课堂或有过分享感兴趣的知识的经历。随着时间的推移，通过追求曾经的兴趣爱好或探索全新的机遇，学生们可以在课外社团或团体活动中找到一群志同道合的朋友，填补这个空缺。这些关系或许能为积极的大学体验提供坚实的基础。识别共同兴趣以分享与发展这些兴趣的环境对于在大学里建立有意义的社交关系和友谊至关重要。此外，以这种方式通过共同的兴趣发展友谊，也有助于培养归属感（Swenson et al.，2008）。然而，要获得这些益处，学生需要积极地识别、参与及保持在这些组织中的活跃度。

卡尔记得自己曾经因为和同龄人缺乏共同兴趣而难以在高中结交朋友。他将那些经历与自己在大学中因为与同学有共同点而让建立关系变得轻松的经历进行了对比："我在这里找到的喜欢的人比在以前学校里的多太多了。以前六十个人里我可能就只有两个朋友。我觉得自己和这里的人有更多的共同兴趣，在以前的学校里大家都谈论汽车和摩托。"他庆幸自己身处"一个重视智力活动的地方，不像我来的地方，那里觉得这些一文不值"。从一开始，他就注意到了两个社区之间的差异，并解释说在小组讨论或者活动中能被志同道合的人们包围"真是一件乐事"。他意识到，在大学里求知若渴是一种力量——而不会像他在家乡经历的那样被贴上奇葩的标签。他解释说："在家乡时我必须抗争才能做的事情，在这里却能获得鼓励，这太让我高兴了。你知道的，比如阅读。"这是他人生中的第一次，求知欲给他带来了归属感，而不是成为被孤立的缘由。

弗兰克同样因为高中和大学之间的差异而感到兴奋。他很高兴自己在大学里对知识的追求并没有如同他在家乡时那样令其成为局外人。他描述道："高中的时候，我从来都没有觉得自己可以一个人去某个地方，或者只是做自己想做的事情。以前周五晚上，我可能就想待在家里读本书，但真的做不到，我会觉得自己是个社交上的失败者。但在这儿，如果我受够了，就可以想做什么就做什么。我想这是这里潜在人际关系的产物。只要待在一个可以做到这一点的地方就行了。"现在，他能够加入由有着共同兴趣的学生组成的小组，并通过他们建立各种联系，而不会像过去那样遭到排斥。

斯科特描述了自己通过找到这类环境来建立关系的解决方案："我认为这是融入这个地方并找到自己的真实归属的主要因素，我尝试过很多不同的领域，然后发现了自己觉得最舒服的地方。"在描述一件因为对音乐的共同兴趣而展开友谊的类似事例时，加里描绘了一群紧密团结的新朋友："我们会一起做很多事情。巧合的是，我们都曾在合唱团之类的地方唱过歌。他们人都很好。"通过对音乐共同的兴趣建立起关系网，两位学生都各自找到了能够建立联系并随着时光的推移分享共同经历的人——这是建立牢固关系的秘诀。加里总结道："从某种意义上来说，和很多人玩在一起是件好事。我们有着共同的兴趣，我也为他们所接受，我还非常喜欢他们，这真是新鲜事。"

朱迪丝喜欢表演，她谈到了在戏剧社里结交朋友的事情："通过出演戏剧，我在学年初认识了一些人，并同他们一直保持联系。"她提到这些友谊甚至在演出结束后依然存续。在描述这些关系如何形成时，她解释道："如果一场戏剧协调统一，导演也用正确的方式将每个人聚集在一起，你就会有一种是大家庭一员的感觉，每个人都齐心协力。大家聚在一处，通常都很友好。"她进一步解释说："而且，我真的很享受那种归属于一个团体的感觉。"共同兴趣的重要性也有助于解释为什么宿舍和基础大课没能为学生提供丰富的联系机会。这些环境不太可能为学生聚集一群有着共同之处的同龄人，从而围绕这些共同之处形成关系。

安德鲁在大学后期没能成功通过共同兴趣建立友谊，这令他感到惊讶。他是唯一一个在课外活动中感到被孤立而不是在那里找到联系的人。他记得自己曾与大一宿舍里的朋友有一种团体的感觉，但这些关系在大二那年褪色了，他发现自己很多时候都是独处。他观看了校园周围的一系列艺术表演，希望在那里找到和他有着共同兴趣的朋友，但似乎从未能够在这些活动中创建联系。他试图带上朋友一起分享这些经历，也没有成功。他记得有次"昨晚有场爵士音乐会，我真的很想去，所以我一个人去了"。另一次，他记得"我的朋友们都不想去，所以我又一个人去了"。因为无法找到与他一同欣赏这些活动的人，他感到被孤立——尤其是当他注意到自己的朋友都不喜欢艺术时。他无法理解为什么他们不愿意陪他，并认为这是对他个人的侮辱。大二结束时，他回忆起这段经历："今年我一个人去了四场爵士音乐会，我都不记得自己独自去看了多少场电影，都是一个人去的。"他渴望有人能加入自己，但也得出了结论："我无法改变其他人的看法，但这非常令人失望。"当看到其他学生一起观看这些表演时，他回忆起了自己大一拍合照时感受到的团体感，这让试图创建联系在他看来像是孤军奋战。他困惑于为何自己无法找到一个属于自己的团体，因为建立这种基于共同兴趣的联系对他的同龄人来说似乎很容易，对一开始的他来说好像也很容易。

课外活动中的领导角色加强了社交体验

深入参加课外活动并发挥领导作用，是增进友情的另一种方法。弗兰克回忆起了自己在乐队的领导角色是如何给他带来难忘的社交生活的。他描述了他在那里找到的社交网络："这是一种非常亲密的感觉，尤其是在成员之间。我们的成员里大概有十到十二个学生，都是各类乐手，我们相处得挺好的。我们晚上会进行各种社交活动，这和去年这时候的情况很不一样。那时候成员们都非常公事公办的样子。以前在乐队之外，成员彼此之间并没有太多交往，虽然效率很高，但没有什么乐趣。而今年就是一种更广阔的体验了。我们真正开始认识其他人，成员之间还出现了好几段恋情的萌芽。"通过担任校报负责人，安德鲁终于找到了一个亲密的朋友圈。他解释说："另一个是校报撰稿人之间的友情，这真的很有趣。我们会开派对，所有校报成员会一起去餐馆聚餐。那真是太好了。"

除了被我们的受访者普遍提及的这些包括艺术和新闻学在内的课外活动兴趣之外，大学生还可以通过团队运动和兄弟会/姐妹会建立关系。虽然这些情境在我们的访谈中并未突显，但它们仍是许多学生大学生活中的常见方面。这种参与提供了类似的与同龄人结识并建立深刻联系的机会（Long，2012）。考虑到体育竞赛需要一起训练、旅行，或许多兄弟会 / 姐妹会还提供住宿，这些联系甚至可能更加紧密。

挑明关系，提高大学期间的舒心度

虽然大一新生的社交生活可能浓墨重彩——充斥着高风险的室友关系及融入社交圈的渴望——但在学生跨越整个大学阶段的过程中，更深层次的友谊和更紧密的团体会不断发展。随着学生在学海前行，他们会找到新的朋友，扩大自己的社交网络，通常也会在校园里过得更舒心一些。在第一学年后，他们还可以自主选择室友，并能对某人是否适合做朋友作出更明智的决定。

在学生访谈中，我们能看到这种变化。朱迪丝回忆起大二学年的经历，说："我觉得总体来说我今年更快乐一些，没那么孤独了，没有像之前感受到的那样被孤立。"回顾整个大学经历时，斯科特沉思道："我认为，这就是三年来发生的一些事情。今年，再一次地，我真的感觉到了一种类似家的感觉。我想我这一年感觉自己几乎就在家里一样。花了至少一年半的时间，我才真正感觉到，假期结束后回到这里，不再是回'恶魔岛'。也许就是大二下半年，从那时候起，我就觉得在这里过得挺舒心的了。"

斯科特在大四时也有类似的感觉，他总结道："今年，我开始对自己社交时该说什么话、去什么地方变得非常有选择性。比如，我不会像大二和大三那样，挤进酒吧大罐大罐地喝啤酒了。"接着，他描述了自己在四年里处理社交关系的过程，解释说："我觉得，大一的时候，你只要瞪大眼睛、充满好奇就过得去了。大二的时候也过得去，因为你开始学习专业课程了，没时间想太多。大三的时候，你会有点儿无聊，因为一切都是差不多的样子。你看，到了大四，一切又都是刚开始的样子了。"

　　大三的时候，琳恩对于自己在校园里的友情状况表示满意，并指出："我只是遇到了很多非常非常好的人。"她在大学第一年发现的知识分子同龄人群体之外，还成功拓展了自己的朋友圈。她解释说："你可以说，我有不同'类型'的朋友。"她仍然把与"在音乐、科学或其他什么方面和我有类似兴趣"的学术伙伴的关系放在首要位置，并解释说："我有几个非常热衷于生物化学的朋友，和他们一起聊天很有趣。"不过，她现在也会描述知识追求之外的社会关系，并说："我有两个室友，她们都是非常非常棒的人。"和这些朋友在一起，她会谈论一些社会问题、个人挣扎和恋爱对象。在访谈的最后，她仔细思考了这两类截然不同、但对她而言都至关重要的朋友，给他们分别贴上了"我可以从他们身上学到东西或与之愉快相处"的标签，并得出结论说自己"同等地享受与他们度过的时光"。

　　考虑到大一学年的不确定性，若能意识到"只要找对了地方，友情就会随着时间的推移而发展"，是令人感到宽慰的。学生们通过确认自己的兴趣和身份认知找到自己的定位，友情由此出现。有时候，它会出现在最初的那几周里，在宿舍里同寝室、同套间、同大厅的人里，或在食堂的"饭搭子"之间。然而，与上述情况同样常见的是，事情并不会如人们预想的那般顺利，寻找拥有共同兴趣和热情的人需要更长的时间。这些学生也可以通过寻找适配团体和课外活动来获得结交新朋友的机会。此外，认识到朋友群体会在整个大学过程中不断发展，可以在学生在初入大学、遭遇到建立友情的障碍时，给他们带来宽慰和安心。

在浪漫关系中更近一步

从表面上来看，浪漫关系似乎是与友谊区分开来的另一种追求，但实际上它们是学生在校园中寻找的关系的更深层表达。通过寻找浪漫伴侣，学生能够找到自我，失去自我，并能在自己的目标与未来之间探讨妥协之道。毫不奇怪，当这些关系进展顺利时，会给学生带来更深层次的亲密感和满足感。当然，反之，这些关系也会带来深刻的情感伤痛和心碎的感觉。

尽管自进行这些访谈的 20 世纪 70 年代至今，很多事情似乎都发生了变化，但我们的受访者所讨论的有关约会与浪漫关系的核心问题仍能在当今大学生中引起共鸣。事实上，20 世纪 60 年代与 70 年代的社会文化变化仍然影响着当今的性别动态与约会行为（Benson and Furstenburg，2007）。当今女性在职业与平权方面取得的诸多进步都是在 70 年代早期的斗争中辛苦赢来的。70 年代妇女解放运动的核心问题也通过 "#MeToo" 运动和 21 世纪的其他运动再次得到了探讨。得益于女性权利方面的这些进步，70 年代的大学生开始讨论如何应对双职问题及重要关系，而这些问题在当今仍然很突出。

当今的浪漫生活与 20 世纪 70 年代的学生所经历的相比，其中有一点似乎不同，那就是对勾搭文化（hookup culture）*的关注。然而，在20世纪70年代，"自由恋爱运动"出现了，这是由于节育措施的可靠性日益提高，进一步将性与生育脱钩，同时文化上对婚外自愿性行为的接受度也提高了。虽然自由恋爱运动与当代的勾搭文化并不相同，但两者对性与恋爱关系的态度是相似的。也就是说，对于不断变化的性习俗和勾搭文化及其对浪漫关系和亲密关系的发展的影响，人们的看法可能被夸大了。比起流行叙事可能引导我们相信的，如今人们对待浪漫关系和性的态度要相似得多。通过对比1988—1996年与2004—2012年的学生，研究人员发现，两代人之间的性伴侣总数、性行为频率及12个月内有过的性伴侣数量均没有差异（Monto and Carey，2014）。此外，1980—2010年间，男性与女性的平均性伴侣数量基本保持不变（Netting and Reynolds，2018）。对于性与恋爱关系的态度，也有着类似的规律。虽然1950年和1975年相比，高中学生变得更加自由主义，但1975年和2010年相比，他们对于约会与性的态度有着惊人的相似之处（Carson and Moskey，2000）。总而言之，有关大学校园里勾搭文化的说法并不能反映大多数大学生的生活现实，而1975届的学生与当代学生之间观点的一致性要远远多于其差异性。即便如此，自由恋爱和勾搭在建立亲密关系方面是不同的，后者是我们的学生讨论的焦点。

本项研究中的学生与当今大学生经历之间的一个重要区别是，浪漫关系现在可以在网上建立。从社交媒体到约会软件，学生不再受限于学校活动或校园地点。除了更传统的校园聚会外，与潜在恋

---

* 这是一种接受并鼓励随意性行为的文化，包括一夜情与其他相关行为，而不一定投入情感依恋或建立稳定恋爱关系。——译者注

爱对象的约会还可以在虚拟空间进行。此外，我们的学生并没有讨论 LGBTQ 关系，因此我们无法将当前文献运用在同性约会中。尽管存在以上差异，但寻找亲密浪漫伴侣的重点仍然是相同的。

尽管历史上的这两个时期看似不同，但有四个显著的主题能将这两个时期联系起来：（1）大学生积极寻求浪漫关系；（2）当学生找到这些关系时，他们对此感到郑重与确信；（3）这些关系的破裂令人痛苦又具有破坏性；（4）浪漫关系，尤其是处在大学后期的恋爱关系，会引出毕业后婚姻与家庭生活的问题。

寻找浪漫伴侣

虽然大一学年的主要重点是结交朋友与建立广泛的社交网络，但我们的学生通常从大二开始就将注意力转移到追求浪漫关系上了。部分原因在于学生首先需要找到一个可以结识潜在浪漫伴侣并探索可能性的大本营。另一部分原因还在于那些入学时有高中恋人的学生通常来说并不能在异地第一年遭遇种种变化之后维持这些关系。对于这些学生来说，他们在大二学年开始拥有了可以自由结识新朋友并探索新的浪漫关系的自由。

虽然寻找伴侣是大学对话中的常见主题，且往往是周末社交场景的重头戏，但要找到可以真正建立关系的人可能是一场挑战。乔纳森描述了这种挣扎："我有很多男性朋友。我见过一些女生，但我在学校里还没有正儿八经地和任何人约会过。我还有点摸不着头绪，要和某个女生建立良好关系需要付出很多努力。"弗兰克也很难与女性创建联系："我觉得这很困难，特别是对于那些不是特别外向的人来说，就比如我并不是很懂女生。我在课上知道了几个女生的名字，可以打打招呼，但仅此而已。"

正如有关青春期友谊的研究所表明的，浪漫兴趣与亲密关系经常出现在朋友群体中（Collins and Madsen，2006；Morgan and Karobloc，2012）。学生们谈到希望从自己在校园里建立的社交网络中找到浪漫伴侣。有些人凭借努力获得了成功。例如，斯科特描述了自己通过朋友圈认识女友的轻松过程："通过一个共同的朋友，我在一次聚会上认识了她。朋友认识她，也认识我。然后，她看上去很不错，我就上前开始和她说话了。"弗兰克描述了自己是如何在两年内将友谊发展为浪漫关系的："我九月份开始与一个女孩约会，现在我们已经发展成了这种非常重要的关系。"当学生可以像斯科特和弗兰克这样通过自己的朋友网发展约会关系时，他们就可以轻松过渡到浪漫关系。

是友情，是爱情，又或者什么都不是？

即使学生遇到了潜在的伴侣，从见面到约会，再到发展有意义的浪漫关系，这一路上也可能出师不利和产生误解。弗兰克努力想让自己萌芽中的关系有一些实质性的进展："我也和其他女孩约会过，但其中一个女孩给我的一年带来了许多跌宕起伏的情绪变化，这真是一场斗争。我从来没有真正地和她变得亲近过，我从未觉得自己真的爱上了她，但我感觉自己被她深深吸引着。我确实想更好地了解她。后来我的确和她很熟悉了，但我觉得我们之间的关系永远都只是友情。"

与建立友谊不同，在约会的过程中，为一段排他关系展开竞争可能会带来挑战。弗兰克描述了他同某位想进一步了解的女孩的关系进展如何因为其他潜在竞争者的出现而终止："我可能和她出去了八次到十次，但这是我头一次处在真正的竞争之中。她是一名新生，当时不只有我一个人在追她，还有好几个男生，大家身上都发生了挺多事的。不管怎样，我想现在已经差不多都结束了，我几乎已经在举白旗认输了。然而，这段经历差不多从圣诞节前后一直持续到最近。我从来都不太确定自己的立场，也不确定自己到底想要什么，这种感觉太令人不安了。"布赖恩也有过类似的经历："有趣的是，与我交往的那个女孩同时也在和另一个人交往，她没法下定决心，最终，为了避免对我不公平，她决定对我说'算了吧'。"在尝试寻找与建立浪漫关系的起起落落中，常常出现类似布赖恩和弗兰克所描述的情况；沿路可能出现的困惑与沮丧的感觉会凸显出来。

对于那些找到了浪漫伴侣的学生们而言，他们会为平衡学术追求与培养亲密关系所需的时间而苦苦挣扎。乔纳森发现拥有女朋友会与自己的其他需求产生冲突："我想，我以前从未有过女朋友，这一年中多了一个女朋友对我而言是额外的负担。个人而言，因为有了更多的责任，事情就变得更加困难了。我需要花更多的精力去思考他人的事情，而不仅仅只管自己。尤其是研究生申请流程还在继续，我变得越来越紧张。"康纳描述了他的恋爱关系是怎样因为自己的时间投入问题而变质的："部分是我的错，部分是因为我在试图跟上学业的过程中真的管不了太多。我本该更努力一些，但我花了太多的时间在学习上，没有足够的时间社交。我手头要处理的其他事情太多了。我只能说，她在我的时间规划里有点儿被边缘化了。我只是越来越少和她打电话了，因为我会说'这周末我有一篇论文要写'或者'我要学习'。然后我们的关系差不多就走到了尽头。"当卡尔面临类似的挑战时，他作出了结束那段关系的选择："我在一种非常迷茫的状态下选择了放手向前看，我认为我在自己的生活上花的时间不够。"平衡好自身、朋友、学业以及亲密关系的优先级，是年轻人在这几年中学会的东西。

到了大三，卡尔开始质疑自己未来的恋爱关系究竟会是什么样的，并期待着与已经约会了两年的女孩分开一段时间。他解释说："她要去秘鲁过暑假，而我要去爱尔兰，所以，这将是某种偶然的分手，而我真的无法预测之后会发生什么。"他表示自己最终可能会遇到新的人，并解释说这种事情是很自然的："我的意思是，伴随着春天的到来和人们通常的节律。"对于失恋这件事，他并不觉得困扰，并表示自己并不确定她就是"对的人"。仅仅一年之后，就在毕业前夕，他更加坚定地重新回到了这段关系之中。分开的这段时间让卡尔和他的女朋友得以思考彼此在心中的意义，并重新确认了他们对彼此关系的承诺。

在大学四年里，斯科特继续同自己高中时期的女朋友交往着，他也把这段时间看作对彼此毅力的一种考验：

她去了另一所大学。但是，真正让我们确信属于彼此的是我们共同度过的所有那些时光。可能在高二和高三时，我们几乎每时每刻都在一起。社交上，我们几乎同进同出。后来我们决定不一起上大学，只是为了试试看。然而，我们实实在在地异地了四年。但你知道吗？我们依旧深深牵挂着彼此。我们真的依旧非常非常看重彼此、喜欢彼此。所以，就像我说的，如果事情顺利的话，到了比如夏天或者什么时候，看她的安排如何，我们会试着好好计划。事情还说不太准，但我们感觉彼此之间已经有了某种默契，特别是这段关系已经持续了很长一段时间。你知道的，我们是从卑微的最初一路走过来的。

在这个案例中，分离发挥了作用，帮助斯科特和他的女朋友加深了彼此的联系，尽管相隔遥远，或者甚至正因相隔遥远。因为这段经历，他开始讨论大学毕业后结婚的可能性。

贝姬和她的男朋友住在同一栋宿舍里，这使她很难确定对方是否真的是"对的人"，还是说仅仅因为他们住在一处的便利性。他们决定分手，甚至还换了宿舍，以此来判断他们之间的关系是否足以承受距离的影响。贝姬回忆道："我们返校后，情况并不那么好。我们决定花一段时间见见其他人。所以，住在同一栋宿舍就很难，太难分手了。所以，我们现在在一起，我猜所有人都觉得我们以后会结婚之类的，我真的很爱他，也真的很重视他。但，我要搬去另一栋宿舍的部分原因就是我想看看如果接触到了其他人，我们是否真的还愿意花精力去见彼此。"最终，这段关系以无法在距离的阻隔下维持而告终——即便两栋宿舍之间只有十分钟的步行距离。

特拉维斯与斯科特有着类似的情况，却有着截然不同的结局。在他的案例中，他与同高中的一名女生的长期恋情因为距离的原因结束了。他反思了异地的后果："这迫使我重新评估自己和一个已经稳定交往了差不多三年的女孩之间的关系。在持续三年的情况下分开一年时间有点困难。我认为这从两方面来说都是一次有益的经历，尽管它相当令人沮丧。"在处理长期亲密关系的过程中，学生们将学会检验这一关系的牢固程度，并确认某人是否就是"对的人"。

寻找"对的人"：意义及确认

虽然有人会说在进入一段关系之前你必须先了解自我，但对于这些学生而言，浪漫关系往往能帮助他们找到自我。和友情相比，恋爱关系甚至能够更深层次地定义及确认学生的人生价值与意义（Demir et al.，2012）。在描述大二时自己与妮科尔的关系时，弗兰克回忆道："我们在一起一年多了，我想正因如此，我对自己有了更多的了解。我成长了许多，也更自信了。"卡尔说："来了这里后，我有了第一段真正的长期关系，这是一件能让人学到很多、成熟很多的事情。关于怎样才算真正了解一个人，我真的学到了很多。"弗兰克回忆起恋爱关系是如何帮助他成长的："这让我对人与人之间的关系、对自我以及对我在一段关系中想要获得什么有了非常多的思考。"

正如斯科特所指出的那样："我怎么着也算有个女朋友，这让事情变得容易多了。是的，我想就是'容易'这个词。这是一件能够让你从很多其他事情上分心的事情，它迫使我转移自己的注意力，这很有帮助。所以，这真的挺好的。"弗兰克回顾了自己的好运气："去年是非常棒的一年。有妮科尔，我的女朋友，还有其他一些事情。这很重要。那真是非常非常快乐的一年。"雷蒙德也意识到了他的浪漫关系在自己的幸福中扮演的角色："嗯，自从来到这里，我就有了一个稳定的女朋友。所以，我很高兴，也非常满足。"

即使浪漫关系结束了，学生们也能通过与他人的关系加深对自我的理解。当贝姬与雅各布分手时，她发现了自己内心的力量和自信："这或许是最重要的事情之一。现在，我有信心去爱一个人并被人所爱。那个人并不一定是雅各布，所以爱并不一定出于软弱。这很好，我对此感到非常高兴。"大四的时候，她这样总结道："我不再感到恐惧。我不再觉得自己没法再找到其他爱人，或者永远不会再那样喜欢其他人了。"这就是亲密感的发展，与孤独感相对。埃里克森（1968）将其描述为成年早期的主要目标。时至今日，仍是如此。

卡尔描述了自己为了维持浪漫关系所付出的努力以及在这个过程中感受到的不确定性："这个夏天——在第二次分手后——我们第二次复合了。我们一起去度假，然后又重新坠入爱河。"他解释了自己所发现的亲密关系的好处："这真的很神奇，因为我意识到了这段关系的所有潜力和深入了解某人的美好之处。"他讲到双方一致决定保持好的状态，携手向前看："所以，在那次经历后，我们两人都决定今年不能再搞砸了，对待感情我们要非常稳定、非常冷静，也不要给对方施加压力，我们现在也的确做到了这些。"尽管一路上他们一同经历了许许多多的挑战，但对于能够在一个真正了解并欣赏自己的人身上找到这种陪伴的感觉，他似乎感到很欣慰。

分手与对承诺的处理

许多大学恋情都以分手收场。无论这种经历多么普遍，无论有多少学生意识到这是正确的选择，分手终究是痛苦且具有潜在破坏性的。每一位在访谈中描述过分手的学生都强调了这段经历是多么困难，它带来了多么强烈的情绪波动。贝姬解释了自己感受到的整体情绪影响："那真的很令人悲伤，就像，我真的很不开心。"而卡尔总结说："那时候我情绪上有很大的压力。"布赖恩简短地说："我非常沮丧。"其他学生在谈论分手的影响时更加直接。弗兰克称"这件事引起了很多焦虑"，而康纳在描述了自己同女朋友分手的过程后，回忆说："我感到非常孤独。"学生们分享了他们对分手之后所感受到的孤独情绪的看法。安德鲁对连带着一同失去的友情表达了哀悼："这真的很痛苦，因为我们是这么长时间的朋友。"弗兰克的发言更笼统一些，他谈道："我突然间感到非常孤独。我把所有闲暇时间都奉献给了她，把所有富余的心思都花在了她身上。她突然就走了。"而贝姬只是感叹道："我很孤独。"

分手之痛并不仅仅在于重要的浪漫关系的破裂，还在于意识到这段浪漫关系主导了自己和其他朋友的交往。事实上，到了成年早期，和浪漫伴侣共度的时间超过了与朋友相处的时间（Reis et al., 1993）。在关系结束后，乔纳森很享受自己和其他人在一起的时光：

"和女朋友分手后，我马上有了更多空闲时间，可以和认识了一段时间的人在一起，也可以与一些之前不太了解的相对陌生的人相处。"

这里并不仅仅只有对浪漫关系的哀悼，还有领悟到浪漫伴侣基本构成了这些学生获得的社交支持。虽然浪漫关系通常会取代友谊，但人们需要依靠友情来处理与治愈分手（Morgan and Korbov，2012）。在感情结束后，玛雅在试图治疗情伤时也感到了孤独："我曾有个男友，他和我分手了，我找不到可以倾诉的伙伴。"正如弗兰克所抱怨的："突然之间，在她离开后，我发现我真的没什么朋友。我有过朋友、熟人，但都不是真正亲密的好友，甚至任何类似这样的关系。我没有任何可以与之倾诉问题的人，甚至也没有可以谈论这次分手的人。"在通过音乐兴趣结识的朋友那里，弗兰克找到了安慰，他总结道："也许乐队有点儿充当了代理女友的角色。"回顾大学四年，伊莱恩意识到她的浪漫关系也阻碍了自己建立友谊的能力："我一直都有一个稳定的男朋友，这让我失去了结交女性朋友的机会。而且，从某种意义上来说，这是一个坏处，因为我真的很想和女性朋友更亲近一些。"大学期间，当她意识到这一点时已经太晚了，她无法做出改变。

分手带来的痛楚，加之在处理痛苦时缺少纯粹的友情，可能会让人感到沉重，让人对原本正确的决定产生怀疑。正如弗兰克所说："嗯，从那以后，我就再也没有和谁那么亲密过了。我更依靠自己了，这或许对我来说是件好事，也可能是坏事。但这并不容易，有时候我想知道我是否做了正确的事情。虽然在内心深处，我知道自己做了正确的事情，因为我真的不再爱她了。而且，和她在一起会非常轻松愉快，我想我本可以如此。这本来很容易，但我只是决定这不再是正确的事情，也不再是最好的选择。"在从痛苦的分手中恢复过来的同时，弗兰克投入了加倍的努力来结交朋友："自从我和妮科尔分手后，我就开始有意识地去了解其他人，而不只是泛泛交之。"浪漫关系可能会成为一个漩涡，令年轻人深陷亲密关系的同时远离其他人际关系和追求。学生要学会找到平衡。

从恋爱走向婚姻的抉择，将带来"长大成人"的感觉

安德鲁的朋友们似乎能轻松地找到结婚对象，这令他感到痛苦："有意思的是，我挺惊讶的。在过去的三年里，我的很多男性朋友从不谈论婚姻。他们只是玩玩，轻轻松松的。"他惊讶地意识到自己朋友圈中的很多人都找到了伴侣，并嫉妒他们轻轻松松就做成了这件事。他感叹道："今年，我至少能说出十个说过自己订婚了的朋友。他们真让我惊讶！有些人的确是意料之中的，但他们中的大部分人告诉我的时候，我都在想'噢，哇！这太新奇了吧'。而且，一直以来我总觉得自己最终会结婚。我猜这大概是家庭教育的影响。我父亲大学毕业时就和我母亲结婚了。所以，我一直希望毕业时能找到一个可以结婚的人。在大学中期，两年以前，我想，'没戏，情况不大好'。一年半前我打消了这个念头。从那以后我就一直为此苦恼。我无能为力。"最终，他的大学生涯结束了，却没能如期望一样找到潜在人生伴侣。当他计划去——独自——参加一位朋友在毕业后立即举行的婚礼时，这一现实刺痛了他，这两条截然不同的道路之间的直接对比也令他感到愤怒。

在对这些浪漫关系的讨论中，婚姻如幽灵般如影随形，在大四学生中尤其如此。在大学中寻找人生伴侣，或至少经历一段令人感觉有未来的关系，这种压力是巨大的。它也被频繁地描述为分手的原因。当学生可以预见婚姻即将来临的必然性时，如果他们既无准备，也不确定眼前之人是否为良人，那么分手就是不可避免的结局。弗兰克描述道："我当时在想是不是有点儿太认真了。人们开始谈起婚姻之类的事情，而我却觉得还没准备好，我想知道会发生什么。开学后，我意识到她并不是我想要共度余生的女孩，还意识到如果继续下去，占据她的时间，对她是不公平的，对我也不公平。所以，这是一个非常艰难的决定。虽然很难告诉她，但我必须开口。"

贝姬描述了自己的室友与结婚压力的斗争。她记得："年初的时候，我们总在谈论恋情是怎样因为人们感受到威胁而分崩离析的，他们感觉自己好像不得不结婚，觉得自己会不可避免地走向婚姻，他们该怎么办？这种意识，这种关于一年内就要结婚的想法，确实会让人们深深内省，他们会把感情分析'死'。"她意识到这种规律也出现在了自己的长期关系中："对于雅各布和我来说，这就是全部的问题，就，我们要走向婚姻吗？我们是否在建立这种期待？是真心实意的吗？还是说我们只是在一起什么的？"这种不确定性以及对作出决定的外部压力，正是使得贝姬开始质疑这段关系并最终导致其终结的部分原因。

斯科特认识到，分手这件事与学生对大学后的生活的思考相关：

"有趣的是，很多在大四时发生的事情真的是大四独有的。我一直和某个女孩约会，这或许是这期间发生的另一件大事。而我并没有感受到多少要定义这段关系的压力，但我猜她要毕业了，所以她正在弄清楚自己想要什么。"这些长期计划和制定计划的过程可能导向分手、试图坚持或计划结婚。

尽管在大学四年间，安德鲁经历过很多焦虑，有过多次约会，但到了大四这年，他仍未找到浪漫伴侣，思及毕业后的生活，不免心酸。在与校报同学一同参加晚宴后，安德鲁说："我开始思考，我想要什么时候结婚？我还能幸运地找到妻子吗？这很令人沮丧，因为我觉得我根本不会有丝毫好运气。"他无法将对婚姻的想法与自己的职业道路脱钩，因为二者在他对未来的构建中扮演了重要的角色。在他所追求过的女生身上，他也看出了类似的心路历程："那两位曾深深吸引我的独立女性都将自己的职业利益放在了第一位，把我抛在一边，她们并没有真正地考虑我。但我不能因此责怪她们，我的职业生涯也同样重要。这是个难题，你需要协调两种利益。"安德鲁表达了自己对于寻找伴侣无果的沮丧："有时候，我觉得人生就是一场游戏，而我并不想当玩家，却不得不戴上面具。"

贝姬将订婚的想法描述为"安全感游戏"。她说："其中涉及各种各样的复杂因素。尽管这挺难向自己承认的，有时候你知道你只是希望通过告诉对方自己在乎他们，来获得那种安全感。"当她哥哥在她大二的时候订婚时，她慌了。她哥哥那时刚刚本科毕业，即将进入研究生院，情况和她的男友类似——雅各布也正在申请研究生项目。这种联系令贝姬意识到自己也临近可以订婚的年龄——或者，至少她的男友快到他将想要订婚的阶段了。她决定："就我曾幻想过的婚姻而言，我觉得我还没有准备好结婚。现在我对婚姻的看法已经截然不同了。"后来，在思考了关于婚姻的想法后，她解释说："我觉得这真的是件挺可怕的事情。我猜我现在的确算适婚年龄，有时候我看了看自己说，'噢，我可以结婚了'，我对此感到惊讶，就像我对自己能开车这件事一样惊讶。就像现在我意识到小孩（比如自己）会结婚。"怀着自己还不够成熟、无法结婚的想法，她思考了父母的关系："当我想象父亲和母亲的时候，我会看见这些负责任的成年人，你知道，走在红毯上。"作为一名大二学生，她非常害怕这种前景，因此暂时决定长期保持单身："我认为我永远不会结婚，我也不急于结婚。我的意思是，我可以说真的不着急。"尽管她似乎对这个决定充满信心，但她觉得有些事情可能超出了她的控制范围："你知道，我有时候会考虑这个问题，因为我知道它可能发生，比如伴随着雅各布毕业。"到了大四，在同雅各布分手后，她有了额外的时间思考自己的个人道路与职业目标，找到了关于婚恋问题的答案。依凭强大的实力，她感觉她可以按照自己的方式度过人生的下一个阶段。

结婚及认为自己已经做好了结婚的准备，仍然是步入成年期的一件人生大事。当朋友们纷纷结婚时，乔纳森描述了自己的感受："我知道几个在西海岸结婚的人，他们都是刚毕业的大四学生。所以，这确实是头一次——这将是我参加的第一场婚礼。我还认识另一个结了婚的女孩，她是我之前认识的人。那将是我参加的第一场朋友的结婚仪式。"

　　加里宣布说："我订婚了，婚礼正在按计划进行，日期定在 6 月 15 日，就在几个月后。所以，你知道的，还是有一些麻烦要处理。在我看来，这整件事比实际需要的要复杂十倍。"年轻人摸索着将两种生活、两份事业和两个家庭结合在一起，并进一步加深双方浪漫关系中的亲密度。以上事例正体现了这段经历的复杂性和妥协性。正因为感受到做好这些的压力，尤其是融合两人事业发展这件事，年轻人可能会推迟结婚，直至他们的事业更有保障。

　　正如安德鲁在他十位订婚了的朋友中看到的那样，绝大多数浪漫关系是从友情中自然发展出来的（Furman and Collins，2009）。寻找浪漫关系，是一个从友情和社会关系中衍生而成的一个单独的期望目标。这些都是学生们将会发展出来的一些最深厚的情感关系。此外，在浪漫关系下，年轻人会发现自身一些私密的方面。当他们的不安全感被暴露在外，变得脆弱时，他们对自身最深的信念将得到确认。然而，培养一段奠定终身伴侣关系的深刻的浪漫关系，是成长的重要组成部分。尽管以往对于大学恋爱关系的大部分研究都将重点放在这些关系的显著消极方面，但受访学生也描述了浪漫关系中固有的常规挑战、期待、欢乐与妥协。

　　友谊与浪漫关系，这两者都满足了学生重要的发展需要，即在家人之外，以自己的方式，作为个人被认识、被重视、产生归属感。通过这些友谊与浪漫关系，学生开始了解自我，看到自身在他人处的映射，并学会真正地参与到社交情境中。我们从这些学生身上了解到，他们往往对孤独感以及寻找友谊和发展亲密关系中的困难毫无准备。他们更可能在自己的兴趣和热情所在之处发现友情，而不是在宿舍、食堂或者教室。当学生培养社会关系，尤其是那些源于共同兴趣的社会关系时，他们的身份认知就成型了。这些发生在成年早期的新生友情并不仅仅为社交活动服务，它们也制造了情境，让学生能够进行深刻的发展工作，即了解自身与适应社会。在第四章中，我们将研究学生养成的帮助他们发现自我的思维习惯。一旦学生在校园的社交关系中感到安全踏实，这种自我探索就成为可能。

第四章

学会找到自我

在成年早期，年轻人会寻求更深刻的答案来回答"我是谁"这个经典问题。身份认知并不是孤立发生的，而是在新想法与重要关系下发生的。当年轻人在高中时期思考这个问题时，他们的答案在很大程度上会受到父母、老师和朋友的影响。直到离开家乡，他们才有机会反思现有的身份是否与即将获得的相符，更重要的是，是否与他们想要获得的相符。在此期间，年轻人常常会重新审视自己在成长过程中所持的信念，考虑这些想法将如何在未来为其服务，并采取行动以成为"书写自己人生的主人翁"（Baxter-Magolda，2001）。为此，学生们要接触新观念，并就是否替代及如何替代或增强长久以来的信念作出决定。在这个过程中，他们所习得的思维习惯将使得他们能够继续在整个成年阶段不断重塑自我。这段经历或许会比他们预想中的更加困难，有时也更为痛苦。矛盾的是，没有什么比发现如何忠于自我更重要、更令人满足。

所有的青年在离家之后都会涉及重要的身份认知问题。大学经历旨在——且应旨在——让年轻人在这个时期得以反思并学会如何寻找自我。实际上，18 岁期间处于"同一性获得阶段"的青年比例下降，而在此后至 22 岁间稳步增加（Kroger et al.，2010）。这四年的"窗口期"与传统大学年限完全吻合，表明大学时期的学生正处在重新探索身份认知的黄金时期。最终，年轻人往往会利用这段反思期来回答三个全新而紧迫的问题："我现在是谁?"(Hollis，1993，p.19)，"我正在变成谁?"，以及最基本的问题"我应该成为谁"(Chickering and Reisser，1993)。学会如何找到这些问题的答案，是大学时期学生在探索同一性时的核心任务。

在某些情况下，学生不得不放弃他们以往的信念，以便为新的信念腾出空间。然而，探索过程并不意味着他们会完全放弃自己以往的信念。相反，许多学生在经历了这段反思和评估的时期后，会就此放弃，重新拥抱这些以往的想法。当这种情况发生时，学生可以更加确定自己相信什么、为什么相信。正是这种探索及决策的过程推动了身份认知的发展，对于成年早期而言，后者是至关重要的——无论其结果是与他们以往相似的身份认知，还是反映了更深刻的演变，都是如此。

虽然人们通常都声称学生会在大学"找到自我"，但实际上，自我认知的发展与自我的塑造是一个终身的过程，并不会随着成年过渡期的完成而结束。事实上，三分之二的年轻人在成年早期并没有坚定的自我意识，不到半数的大学生在本科阶段实现了这一结果(Kroger，2007)。在本章中，我们将见证我们的学生对于将自己与其固有信念、预设剥离并摆脱先入之见的尝试，以在大学期间敞开心扉推进转变。学生们发现这些经历既令人激动，又令人畏惧。他们反复尝试新想法，否决后重新评估旧想法，从而找到适合自己的方式与风格。这种同一性的构建并不是孤立发生的，而是在与新环境的深入互动中发生的。

我们的学生养成了三种思维习惯，使其得以在成年过渡期结束后的很长时间内，乃至在步入中年时，在不同的情境下继续进行同一性探索：(1)解构与放下信念和目标；(2)拓展潜在领域；

（3）对在未知中摇摆时的焦虑有所预期。有趣的是，虽然最初的研究并非旨在理解大学期间的自我认知发展，但我们的每位学生都自然而然地描述了自己剥离及评估旧信念、确定拥抱新信念的标准并随着时间的推移转变观念的过程。许多学生自然而然地提出了这个话题，并谈论了相似的经历，这凸显了这些时刻在成年早期发展中的重要性与显著性。

解构与放下信念与目标

当年轻人意识到过去的自己可能不足以使自己成为未来想要成为的人时，就会出现不平衡，从而引发自我同一性发展的压力（Erickson，1968；Marcia，1966）。面对挑战旧信念的全新体验时，学生将不可避免地质疑自己曾经的认知、行为与存在方式（Kaplan and Garner，2017；Robinson and Smith，2010）。当这些旧的思维方式无法兼容的时候，他们必须要么找到一种方法将新的想法与经验纳入旧的思想体系中，要么允许自己被这些新的知识所改变（Bosma and Kunnen，2001；Kroger，2007；Kunnen et al.，2008）。

质疑自己对世界的看法，会激发重要的探索和对新想法的追求（Brzezinska and Piotrowski，2013）。对于许多学生而言，对自我意识的重新考量始于对其成长过程中的想法与价值观的剥离与评估（Erikson，1968；Meeus，2010）。这种失衡的经历使得学生能够审视以往未经质疑的信念，即自己是谁以及自己应该做什么。只有当学生将自己从包括父母在内的内化的权威人物处解脱出来之后，他们才能做好准备，敞开心扉地去探索大学提供的深化自我意识的可能性（Kroger，1997）。

要拥抱大学可能带来的发展，需要放下之前的信念，并适应未知的风险。当学生就读于离家较远或与家乡环境迥异的大学时，这个过程可能会更加明显。在陌生的环境中，由于学生所遇到的更多是新鲜的、与其所知不同的事物，他们的信念更有可能浮出水面。学生有机会识别并解构自己带到大学的隐含信念与期望。在这种情况下，原本与家乡相适应的身份认知或许会在这里被证明是无效的，并需要重新评估与发展（Robinson and Smith，2010；Sanford，1967）。

这种探索的自由意味着学生将质疑他们曾视为理所当然的信念，并从来自他人期待的限制中解放出来。加里回忆起自己初入大学时经历的这种转变，描述说："我不再感到被迫以过去家乡认识的人所期待的方式来行事或思考。在家乡，我在同一个学校待了十二年，我同大多数人认识的时间也都有那么久了。他们期待你以某种方式为人处世，他们也喜欢你那个样子。所以，你会在某种程度上有意无意地觉得自己有义务以那种方式行事，对你应该感兴趣的事情感兴趣。"加里进一步描述了离家带来的好处，表示："你和完全不同的一群人在一起，他们对你没有任何特定的期待，你自然而然地感觉自己可以做自己最擅长的事情。"最后，他总结道："我认为我今年学到的最重要的事情是能够客观地看待自己，远离任何关于自我的传统认知和一直以来对自己的预设。"

德博拉也解释了进入大学校园如何让她得以质疑自己承袭于原生家庭的想法："我认为一个真正的好办法就是花一些时间清空自己的大脑，不受任何目标导向之类的影响，然后问自己，'我真的想做的是什么？我真正的兴趣是什么？'。把父母对你的期望、学校给你的压力、同龄人正在做的事情……所有这些，统统抛开！然后开始考虑你的技能、你的兴趣以及如何最好地利用它们。"对于加里和德博拉来说，环境的变化足以给他们带来新的视角和自由，让他们思考自己是谁，而不是他人对自己的期待。

朱迪丝讨论了她解构从家乡带来的想法的经历："我现在觉得自己所持有的信念和观点都来自数据，而不只是别人要我相信的。当然，我并不能摆脱这种影响。我一直都受到各种事情的影响，但我现在对这些事情的综合考量是属于自己的。我认为我的信念已经相当稳固了。"迪伦也总结了自己从反思期获得的成果："我感觉自己不再那么受到曾被教导的思维方式、自己的思维定式以及类似事物的束缚了。我的很多旧观点，天啊，被全盘推翻。"能够以这种方式突破自我、变得客观，令人振奋。它制造了信念的空白，由此产生的失衡激发了人们对自我的持续探寻（Bosma and Kunnen，2001）。

既然已经远离了家乡，卡尔享受着自己在大学里感受到的拥抱新想法、探索所信之事的自由。他为自己能在初入校园时对变化保持开放的态度而感到自豪，指出："当我来到这里时，我有点儿放任自己保持流动的状态，这样我就可以把互动的主导权交给这个地方。我把自己交给了机遇，而且并不感到害怕。"他确定这是一种积极的方式，并总结道："我很高兴，因为这是有益的。"

最终，他对探索的开放性态度促使他重新考虑自己的学术目标。他解释说："过了一段时间，你就会想知道自己是否同样适合做其他事情。当我来到这里时，我打算主修英语言文学，后来我对心理学越来越感兴趣，尤其对其科学性方面。"他还意识到他"务实并为赚钱折腰"的动机可能源于其背景，并指出他之所以感知到这些是由于他"来自低收入家庭"。卡尔也能够确定自己的成长经历是如何影响其职业考量的。他指出，他的父母对他有一个明确的职业目标："他们想象我去上大学，然后继续读法学院，摸上中产阶级的门槛。"虽然他对职业稳定性的关注塑造了他，但他最终拒绝了这一点，并意识到："有时我对此感到不满。"为了认识到自己的观念与父母的观念不同，并选择一条不同的道路，他必须有一定的距离和时间来进行重要的反思。

对于自己在校园里的转变，迪伦是有所觉察的，他也承认这个过程的复杂性。经过深入的思考，他并不想放弃所有来自家乡的信念与期望："我必须对过去的一些不完整之处进行修修补补，或是把它们重新联系起来，或是无视它们，又或是其他。有时候我会觉得，对于过去的一些事情，我不应当就这么一声不吭或不作解释地放弃，哪怕只是一些我觉得自己错过了的事情。我想每个人都有这种感觉。我不知道。"有了距离，他第一次能对这些时刻进行思考。

挣脱旧的方式，是拥抱新想法与接纳自我的第一步。然而，对于某些学生而言，探索自我的新方面可能需要更长的准备时间，或者只有在进入身份认同发展的探索阶段时，危机感才会出现，这有时被称为"合法延缓期"（a period of moratorium）（Korger，2007；Marcia，1966）。有些学生会保持"封闭"，在没有多加考虑的情况下投身于某种身份认知（Marcia，1966）。不过，大多数学生在上大学时已经做好了准备，以更充分、更真实地发现自我、拥抱自我。

摆脱旧想法被视为大学生在大学早期经历的最重要的事情之一，因为它反映了一种在探索不同的未来时做自己的自由。

朱迪丝指出了自己在进行这类反思时发展出的模式是如何在此后为她所用的："我之前经历了一个阶段，那时，试图摆脱我父母向我灌输的对事物的看法，而我想，到了这一刻，我的思维已经转换过来了。"到了大四的时候，她回顾了这个放下并离开舒适区的确切过程："我正在努力不让自己只为舒心就去接受某事。我想要能够对任何事情提出质疑的能力。是的，这就是我希望保持的，当我说我已经得出了自己的想法时，我指的是在那时候我不会对任何事情提出质疑，但我保持开放的态度，以便在任何时候，只要新的数据出现，我就可以重新评估一切，得出不同的结论。任何时候，任何新东西出现，都可以使我重新评估和重新考量。"她认识到，在开放的心态下，准备好在新想法出现时解构与评估信念的过程能够在整个成年期间为她提供很大帮助。

相比之下，进入一个与家乡相似的校园环境可能不会引发这种在大学时期出现的深度身份认知探索与协商的潜在失衡。在一个熟悉的环境中，学生不太可能质疑根植于家庭的长期信念，因为他们不会自动地体验到可以引发深刻反思的对比。简而言之，那些感觉"合适"的环境会导致身份认同的肯定、强化与巩固，而那些导致冲突体验的环境会引发对重新审视的需求，为进一步的探索铺平道路（van der Gaag et al.，2017）。没有冲突，就没有真正的身份构建。

虽然每个学生在解构信念和目标的过程中方式不同，程度也不同，但他们都能辨识出其中发生的变化，并反思为何自己的思想发生了变化。这种反思使他们能够在当下不断成长，并帮助建立足够支持跨越整个生命周期的进一步成长的思维习惯。随着学生放下并重新评估他们的身份和信念，他们迅速地了解并尝试新的思想与自我概念，从而拓展了可能性。

拓宽可能性

许多学生上大学之前，除了家庭环境外，很少有机会广泛探索自己的个人兴趣。在高中时，许多人都循规蹈矩，专注于完成要求、获得好成绩，同时参与他们认为可以帮助自己进入大学的课外活动。在大学里，学生既有机会探索新的道路，也可以深入参与从家乡延续过来的热情所在。迪伦解释说："大学是一个好地方，因为这里有很多东西。每个领域都很广阔，而这正是我在寻找的，即在很多领域拓宽自己。从这个角度来看，这是个上学的好地方，没错。"克雷格简单地解释说："我喜欢被很多让我觉得有趣的东西环绕的感觉。"这种探索也可以在人际关系和日常邂逅中进行。加里认识到，在校园中，任何类型的新经历都可以促进探索。他还强调自己最重要的发现往往在传统课堂之外："你有所期待，你去上学，学习各种知识，但你会发现这都不是最重要的。我并不是说这些本身不有趣，而是这些并不一定能让你成为一个真正的人。"

德博拉在指出校园中有多种探索途径时，捕捉到了这两种不同情境的重要性。她总结道："我的意思是，如果你在整个大学里都找不到自己的身份认同，你总可以在课堂或者宿舍里找到。所以，这很容易，你有这么多人可以交流。"关键在于，学生要对各种各样的探索机会保持开放的心态，以从中受益，无论这些机会是在哪里找到的。学生们一直在讨论拓展他们视野的三种情境：（1）以探索与完善现有兴趣的课程；（2）自主学习与探索；（3）培养与保持创意出路。

以探索与完善现有兴趣的课程

在校园内，学生有丰富的机会参与知识兴趣活动，而这类活动最常出现在课堂上。接受教育的经历让学生既能够思考自己对课程主题本身的看法，也能审视自己对世界的看法。课程也是学生在大学期间进行探索的自然途径，通常始于发现那些到大学还一直感到好奇的事物。例如，朱迪丝抓住了深入探索自己长久兴趣的机会，解释道：

> 我一直都对诸如希腊神话之类的东西感兴趣，但我从未有机会阅读许多经典作品。我选修了一门希腊古典文学课，感觉挺有意思的。随着课程进入尾声，我对此的兴趣也不断加深，但当我们阅读柏拉图的作品的时候，我尤为着迷。我可能想更深入研究一些有关柏拉图和古代哲学的东西。他们提供的很多东西都是希腊文的，我很高兴选择了这门课，因为我想要充分利用这个机会阅读译本。这些东西我自己一般不太可能去读，但我很高兴能在适当的时候阅读它们，我甚至比预期中更享受阅读它们。

正如朱迪丝发现的那样，课程可以为学生探索难以独立掌握的课题和思想提供理想机会，可以向学生介绍他们或许在其他地方不会遇到的思想。最终，这两种经验都可以触发新的思维方式。

　　卡尔喜欢那些与他本就热衷的课题有关的充斥着新颖和陌生思想的课程。这些经历令他感到兴奋。他在大二即将结束的时候宣布："我想今年最重要的经历之一就是我的社会研究课程，这确实是我上过的最好的课程之一。"卡尔解释说："我第一次接触到了马克思主义，我确实需要努力应对这门课，它很有挑战性。"在课程结束几个月后，他仍然对自己学到的一些思想心存困惑，他总结道："我仍然心存怀疑。它就像宗教一样，是令我觉得着迷的东西。"通过追求自己已有的兴趣，他接触到了一个新的视角，这对他的影响远远超出了课堂。这种探索让卡尔既在学术上感到满足，又受到了开阔视野的思想的启发，这些思想让他可以用一种新的方式看待这个世界。

　　无论结果如何，深入探索和追求某个兴趣的过程——即便不知道会通向何处——都能让学生提出"我重视什么"这个重要问题，并考虑这些课题为何且如何可能成为他们未来的一部分。当学生能够冒险选择原计划之外的课程时，他们也可以学到一些新东西，这甚至可能影响他们关于专业与职业的决策。这个过程反映了科特（Côté，1996）所说的"身份资本"（identity capital），即在探索新思想和新体验时所做的投资，旨在丰富自我和培养自我意识。这需要结合个人资源（即精力、时间与动力）和情境资源（即社群和能够提供挑战与确认的情境）。对身份资本的投资是一个重要的思维习惯，学生可以通过它培养自我意识。除了探索新思想外，他们还学会了整合、平衡与深化竞争性兴趣。

安德鲁在进入大学时对新闻学感兴趣，但他最终发现了自己对于政治学的兴趣，这帮助他更好地明确了自己可能追求的新闻学方向。他总结道："国家政治很吸引我。"因此，他报名参加了为潜在政治学专业学生设计的为期一年的政治学研讨班。后来，在描述这段经历时，他指出："整整一年，我们都致力于国家政治的研究，这也非常有趣。"他最终找到了这两个课题的理想结合。在担任校报记者时，他获得了撰写政治相关文章的机会，并发现这件事非常有满足感："我参加了一次我支持的参议员的委员会听证会，见识到了那是如何运作的等，非常令人兴奋。"当他最终专注于政治新闻时，他成功地为自己将这两个领域融合在了一起。如果不是对课堂和课外活动这两种经历都持开放态度，他就不可能找到如此理想的解决方案，让自己能够追求多个兴趣。

当乔纳森为自己对未来的看法感到迷茫时，他抓住了那一刻，以便扩展并探索新的课题。他这样解释自己的心路历程：

在我度过了那个困难时期后，可能选择生物学的想法有点儿烙在了我脑海里。我以前对生物学所知甚少。我喜欢其中的一部分，但，我的意思是，我更喜欢英语言文学。所以，我开始了解一些必修的生物学课程。我寻找了差不多一周半，真的找不到什么喜欢的。所以我重新思考了这整件事情，而那时候我已经从有很多论文要写的那个感恩节周末的恐慌中恢复过来了。所以，这门课已经被我从脑海里抛得远远的了，我决定还是留在英语言文学专业，这是我真正的兴趣所在。

虽然这条路最终还是让他回归了自己的核心兴趣，但其间他所经历的不确定性和随之而来的探索让他能够以一种曾经不可能的方式下定学习英语言文学的决心。

琳恩利用选修课来探索自己长期以来对文学与语言学的兴趣。在本就具有挑战性的医学预科课程之外，她决定再添一门英语言文学课，她知道自己会喜欢这门课。学期结束时，她称这门课"相当有趣"，说起这门课程时，她滔滔不绝，这是她在谈论大学四年间的其他选修课程时不曾有过的方式。她解释说，这门课满足了她对这个课题天然的好奇心，并指出"语言学一直都是我的爱好，是一件我心心念念要为其中的乐趣去做的事情"。她指出，自己高中学习德语、西班牙语和拉丁语时对语言课程的兴趣为她的英语言文学课程打下了良好的基础，并在学习过程中给了她很多借鉴。这次经历非常愉快，她总结道："明年我可能会选一些语言类课程。"她发现这些课程令她感到充实，同时也是在数学和科学课程之外的一个愉快的消遣，能帮助她为进入研究生院做准备。

尽管大多数学生在探索与他们过去的主要兴趣相关或互补的课

题时表现出色，但当他们尝试走出预期的道路、设想一条截然不同的道路时，通常会遭遇困难。当这种探索将学生推出自己的舒适区时，他们往往会退缩，重新确认某种自己感觉更加安全的选择。这些学生向我们展示了体验新事物与尝试新思想的重要性。即使这些活动并没有成为他们的职业，学生也能从中学到宝贵的技能，以其他方式丰富自己的生活。在大多数情况下，尽管他们最初的计划并没有改变，但这些课程也会扩展学生的学习体验。而这些探索的过程使得他们能够充分考虑其他兴趣的可能性，从而获得忠于自己最初选择的信心。

自主学习与探索

尽管课程提供了一种探索途径，但许多学生在课堂之外也会追求自己的兴趣。学生们强调，阅读休闲书籍在他们的生活中发挥了特别重要的作用。书籍为他们提供了接触新思想与信念的途径，这能塑造他们对新身份的认同，而且他们在选择读什么书以消遣时可以更加自主。迈克发现，通过阅读课外书，他可以探讨帮助自己思考价值观的问题："我进行了大量阅读。我发现，换个角度思考问题，可以让思路变得更加清晰。有些阅读或许让你了解到一些原本可能被你封闭了的方面。"他解释道："我尝试进行了一些可以让我对学术领域之外的事物产生思考的阅读，不过基本上我会尝试阅读一些伟大人物试图传递伟大思想的书籍，或者展示他们如何竭尽一生思考这些事物及作何应对的书籍。"他还特别提起了托尔金的《霍比特人》，指出这本书如何"引发了我很多思考，带给了我一个看待事物的全新视角。我读完这本书后，将注意力从忧虑上转移开来。

当我在阅读了这本书后再去思考那些忧虑时，它们似乎变得清晰了，我似乎看到了以前没有浮出水面的联系"。后来，他思考了文学对促进自我反思的益处："阅读小说可以帮助你暂时将思绪从课程上转移开来，这或许可以为整件事情提供一个新的视角。"

在朱迪丝大三的时候，她描述了由阅读伯特兰·罗素的《婚姻与道德》而引发的一个转折点："我独自做了一些关于这个主题的阅读，不与任何课程相关。它引发了很多思考。并不是说我同意他的观点，但他提出的那些问题是必须要被提出来的，必须被纳入考量。他的书基本上是对道德的攻击。"一年之后，罗素的这本书仍然对她产生着影响："那是我阅读过的一本书，我绝对不同意其中的观点，但这本书让我开始思考，我不得不形成关于'什么可被接受'的自主观念。罗素挑战了对于我们的社会什么是可被接受的观念的看法，因为它将婚姻与道德作为看待事物的唯一方式。所以，我暂时将那些观点抛开，试着从不同角度来看待，并接纳一个令我感到舒服的观点。"这段经历对她而言影响深刻。朱迪丝认识到，并不是每一个人对思考这些重大问题都持有与她一样的开放态度，但她希望他们能够这样做："有时候我挺惹人厌的，因为我太想进行讨论了，长篇大论地。而这些事情别人要么已经作出了决定，我猜，要么他们从未受到过质疑，或从未因受到质疑而感到威胁。"她由此对自身与他人有了更多了解。

在大学里，卡尔享受着追求自己感兴趣的阅读的自由，沉浸在新鲜的想法里。他回忆着把整个下午都花在欣赏宗教艺术作品、探索艺术史书籍中的视觉隐喻的时光。这些书籍是他纯粹为了自我提升而从图书馆借来的，因为想要记住自己所看到的，他甚至还做了笔记。他对勃鲁盖尔、丢勒和博施的作品特别感兴趣，这三位艺术家是他在阅读福柯那本关于疯癫的概念的书时第一次接触到的。另一次，他沉浸在 C.S. 刘易斯的著作中，阅读了这位作者的所有作品，因为他对刘易斯的世界观的思考方式感到"着迷"。对于卡尔来说，大学校园提供的广泛资源让他能够追求涌出的任何好奇心，他充分利用了这些时刻，在课外进行自我提升。回顾自己涉猎文学艺术时，他最终得出结论，认为这是大学的高光时刻之一，并指出："我认为，比起课程，这才是我学到的最好的东西。"

当学业过于繁重或不可行时，阅读也是一种学习新想法和追求兴趣的手段。此外，自主探索的机会使学生能够真正参与感兴趣的话题。虽然我们 20 世纪 70 年代的学生也谈论了书籍以及他们泡在图书馆中的乐趣，但当今的年轻人拥有了更多选择来促进对新思想的深入研究。他们可以在网上了解感兴趣的主题，阅读有关新思想的文章，或者观看流媒体视频和 TED 演讲。这些新形式让他们能够获得有关创新思想的新鲜资讯，并在课堂之外追求自己的兴趣，这同 70 年代学生们的做法非常类似。当然，他们也可以效仿我们的学生，沉浸在一本好书里。

培养与保持创意出路

人们很容易将注意力集中在诸如学习成果、成绩、专业、毕业及就业准备这些所谓的大学正事上。然而，大学生通过课外活动有机会探索任何创意出路或活动，这些经历通常在他们的大学体验中也同样关键，甚至更为重要。学生通常对艺术产生兴趣，即使与自己的职业目标并无关联，甚至以前也没有过接触。我们的学生寻找机会将艺术作为探索新兴趣的途径，参加与传统课程无关的活动。这其中包括艺术史课程、美术课程及其他从创造艺术中获取乐趣的机会。这些经历让学生得以释放一些关于未来"大问题"的压力，简单地参与那些给他们带来愉悦感与满足感的心流体验*。

　　尽管马克斯决心要在科学领域追求一份"实用职业"，但他也想要选修一些艺术史课程，他承认这是自己长久以来一直很感兴趣的事情。他解释说："我现在在上一门美术课程，我非常喜欢，以至于真的希望能再选一门。"然而，他并没有考虑要正式研究这个方向。他坚定地表示："我从来都不是以认真考虑将美术史作为职业或者其他什么的心态来学习艺术史课的。"事实上，对于不让自己的学术之路脱轨，他如此坚决，以至于寻找了各种非正式途径来进行更多学习："我的意思是，这种课是很容易进行旁听的，所以我可能会尝试去旁听古典艺术方面的课程，因为我现在对当代艺术有了一定的了解。"对于历史类课程，他也有着类似的感觉，曾经上过的一门引人入胜的课程使他对这个领域感到兴奋。当时，他分享了这样的想法："我真的很喜欢它。讲座特别出色，我想我或许会旁听前半部分，但我不觉得我有时间修这门课，至少现在看来，情况是这样的。"每当他体验到这种兴奋感时，他都会退缩，并巩固之前对自己未来的看法。无论他发现某个课题多么有趣，并在谈起课程的时候

---

* 心流体验（flow experience）又称沉浸体验，作为一种积极体验，是一种将个人精力完全投注在某种活动上的心理状态，个体获得该体验时会有高度的兴奋及充实感。——译者注

表现得多么热情，偏离科学领域的想法都让他感到危险。情况如此严重，以至于他无法想出一个两全之策，可以将这两种热情结合到一个涵盖两者的职业道路中去。

通过选修两门艺术史课程，马克斯发现了一个在科学领域中从未见过的知识碰撞的全新领域。课程非常充实，甚至让他放下了对成绩的过分执着："当然，能取得好成绩之类的也是好的。但对于这门课，我尽我所能去学就好了，不只为成绩。所以，在我看来已经很好了。这和我去年上的美术课程'斑点与点'是一样的。我那门课的最终成绩是 C+，这令我不敢相信，因为我觉得我表现得挺好的。但是，无论如何，我在这门课中学到了很多，这才是我最关心的，我对于现代艺术有了了很多的欣赏。"

马克斯最后决定在大三的春季学期选修第三门艺术史课程，尽管这门课并不符合毕业的任何分配要求。学期结束时，他总结道："现在，我在上另一门艺术史课，这很棒，我也真的非常喜欢它。每周只上两个小时，就这样，然后有场考试。这是一门关于 21 世纪摄影史的课程。"与现代艺术课不同，这门课让他对一种自己有所涉猎的艺术形式有了更多的了解："摄影是我这几年的兴趣，所以我正在学习一些很有趣的材料，也很喜欢这些讲座，但除了每周去听两次讲座之外，我并没有做其他什么与摄影相关的事情。从我的角度看来，这只是一门理想的课程。"

朱迪丝选修了一门艺术课程，这让她得以施展创造才能，而且和马克斯类似，这能将她从校园其他地方感受到的成绩压力中释放出来："我正在选修一门绘画课程，最终成绩只分成过 / 不过，也没有多少家庭作业之类的，但它非常有趣。我似乎更多地投入到了诸如艺术与写作之类的事情中，这些超越了纯粹的学术，涉足了更多创造性的领域。我也喜欢这一点。"这些形式的出路不仅在大学期间提供了精神上的休憩，也培养了一种终身追求的创造性习惯。

马克斯受到了启发，决定将摄影学习从课堂拓展到实地，从而重新投入长期以来的摄影兴趣中去：

> 在暑假期间，我计划要做更多。从高三开始，我就在上摄影暗房课程了，这在很大程度上激发了我对摄影浓厚的兴趣。当我大一来到这里时，我没拍过一点照。我时不时会动点念头，但从未采取过任何行动。去年夏天，我拍了很多照片。我当时去了科罗拉多州，花了很长时间在林间徒步，这是我非常喜欢做的事情，我往往也会带着相机随处拍照。所以，今年我至少会花一定的时间待在暗房里，处理一些我去年夏天拍摄的照片。我在这里时并没有做太多实际的摄影工作，但这就是一项我真的非常喜欢并且想要做得更多的爱好。

通过自己的努力，他得以更深入地探索这种艺术形式，并将其应用到自己的其他活动中。类似地，克雷格在留学期间发现自己受到吸引，想去创作艺术作品：

> 在那段时间里，我尽我所能动手去做，但当我开始制作最艺术化、最漂亮的作品，以及当我回顾最有意思、在我看来最具有美感的作品之时，绝对是在那过去四个月。随后，我进行了很多摄影工作。他们那里有三个满满当当、装备精良的美术室，无论是白天还是夜晚，你

随时都可以进去，然后带着非常棒的照片出来。所以，我有一整套大约 50 张大型照片，我还为它们做了相框，作为礼物送给别人。

受母亲启发，康纳长久以来也热爱摄影，也在课外追求这一兴趣：

> 我认为很多人在摄影方面遇到困难是因为他们没有掌握技术方面的知识。他们有艺术才华，但他们没有技术知识，而我有一定的基础并能拓展它。现在，摄影对我来说太迷人了。所有人，无论他们对我的了解有多少，都能意识到对我来说最糟糕的事情就是妨碍我摄影，所以他们之中没有人会这么做。幸运的是，他们都会说，"继续前进，继续尝试"。这很好，这正是我需要的。

对于康纳而言，将摄影纳入自己课外活动的一部分为他的艺术提供了结构支撑，却并不像课程安排那样也许会限制他的可能性。

总体来说，摄影为三位年轻人提供了捕捉记忆与表达自我的工具，他们每一个人都感受到了在自己的时间里进行创作的强大吸引力。摄影也为他们提供了一个能够不再总是需要深入的正规培训的情况下涉足艺术领域的工具。

> 琳恩描述了她将自己探索艺术的实践融入大学经历的努力："今年我定下了计划，每个周末都去听一场音乐会、看

一场话剧或电影，或者每学期去听一场某种类型的讲座。"她指出："今年我去听了很多场非常棒的音乐会。而我也是音乐剧的超级爱好者。我们的社区里有一些非常优秀的音乐剧，所以我非常喜欢去看。"通过有意识地探索校园周边的艺术活动，她发现自己最感兴趣的是音乐。她解释说："音乐是我非常感兴趣的东西，我会听巴洛克或古典音乐。"虽然她本能地被音乐吸引，喜欢音乐，但她也在寻求可以帮助她拓展视野的体验。例如，她提到："我喜欢浪漫音乐，但不热爱，不过我现在学到了更多有关它的东西。"她计划在整个大学生活期间继续这种探索，期待着新的发现。

马克斯最初利用选修课程来深入学习音乐。同年晚些时候，他将兴趣拓展到了空闲时间，他开始学习一种乐器："今年我终于买了一把大提琴，这是我多年来一直想做的事情。我之前一直没有时间练习，我现在出门就会带上我的琴，找到时间练习。有一次我连着练习了六天。突然之间，我发现手感回来了，这感觉很不错。"重新发现自己对音乐演奏的兴趣对于马克斯来说是一个重要的时刻，他的自我意识与目标感得以发展。

对艺术及其他创意出路的探索让学生在意料之外的追求中获得乐趣，从而帮助他们丰富了自我意识。随后，学生们要面临一项复杂的任务，即将这些兴趣爱好融入自己的生活，形成连贯的自我认同（Robinson and Smith，2010；Stevens，1991）。如果学生盲目地追随职业道路，他们就会发展出被荣格（Jung，1966，1971）称为"没有灵魂的自我认同"（souless identity）的风险。这些课外活动提供了满足感与平衡，以应对学业与职业追求。

时间管理的挑战

当学生追求个人兴趣时，他们常常感受到"待办事项"清单的限制。许多人发现专业要求的限制干扰了他们真正利用大学经历并探索新事物的能力。迈克反思了这种经历："当我来到这儿时，实际上是为了获得一个良好的、全面的本科文科教育。然而，因为我是医学预科专业，由于专业要求，我并没有完全做到这一点、让自己满意。"他接着解释说：

> 但大学是挺好的，因为有很多机会去做不同的事情，尽管我不确定它真正给了你多少机会。我想你需要时间在大学里成长，只为拓展你自己；你知道每个人都想成为某种文艺复兴式的人。大学提供了机会，但实际上，在这里学医学预科的压力很大，学生不得不把大部分的时间都用在课程上。因此，很多其他课程，比如美术和人文课程之类的，就不得不在一定程度上被忽视。我觉得这是不幸的。并且，就课外活动而言，我觉得这是大学最大的优点，但实际上也不得不在很大程度上受到限制。

在追求对人文课程的兴趣时，马克斯也感受到了相似的限制，当他的课程表上充斥着科学专业必修课程时，这一点尤为明显。他曾因发现许多自己想上的课程与科学专业所需的化学课程相冲突而感到沮丧。他回忆道："这门课和另外两门我想选修的课程冲突了，一门是文学课程，一门是我非常想上的哲学课程。还有一门音乐课，我想上那门课有一段时间了，我不想再错过。所以，我有些进退维谷。"最终，正如我们之前所见，他通过艺术史课程填补了这个空白。

想要探索新思想的学生，例如马克斯，往往会在他们的兴趣与预设的学业要求之间挣扎着寻求平衡。当大学的要求限制如此严格，以至于学生无法进行探索时，他们可能会错过大学里丰富自我意识与世界观的真正可能性，失去将好奇心与开放性立为思维习惯的机会。

将自己从沿袭自家乡的思想中解放出来，既是件即刻激动人心的事情，长远来看也创造了一种对新思想的开放倾向。放下旧观念，拥抱新思想，这在自我探索的过程中是必要的。因处于"我曾是谁"和"我应成为谁"的岔路口而产生的失衡感被这些经历引出，最终激发了深入的探索。当学生学到新知识并纯粹出于热情而培养自己的才华时，与新思想的接触及对新思想的培育也带来了效能感。然而，摆脱预先制定的期望去探索新思想所带来的自由也伴随着一种脆弱状态。从发现与探索到属于自己的想法与道路成形稳定的过程中，这可能会引发自我怀疑、恐惧、焦虑和不确定感。在成年早期阶段，学生逐渐了解到对未来产生这类情绪是正常的，应该拥抱这些情绪，且失落感与选择某条道路的确定感是相伴而生的。这样一来，他们就经历了完整的自我探索的周期，他们在成年期间可能会重复经历数次这样的周期。

对在未知中摇摆时的焦虑有所预期

如抑郁和焦虑这样的负面情绪已成为关于大学校园的热门话题。寻求专业心理健康咨询的学生人数明显增加，人们对此普遍感到担忧。事实上，世界卫生组织最近的一份报告显示，在8个国家的19所大学中，有35%的大一新生经历过可诊断的心理健康障碍（Auerbach et al.，2018）。尽管一些数据表明，抑郁症和焦虑症的发病率现在正在增加，但在20世纪70年代，我们的学生中也有许多类似的担忧。正如迈克所描述的：

> 不陷入"大逃杀"真的太难了。我的意思是，学生在考试周真的会筋疲力尽。信不信由你，我的很多朋友在考试周都会出现肠胃问题。我有个朋友现在在大学医疗服务处（UHS）担任心理咨询师，她在第一学期结束后打电话给我，想知道这个"Chem 20"课程到底是什么。然后，你知道，我告诉她是"压力山大"。她说，在第一学期"Chem 20"期末考试后的第二天，太多学生都因为神经紊乱来到了UHS，他们不得不将超出的学生送往剑桥市医院。她觉得难以置信，我也一样。我发现这真的太难了，仅仅从上过一门课的学生中就可以看到这种情况。

即使这些挑战没有达到需要寻求心理健康咨询的程度，许多学生在有关自身未来职业选择的重大决定面前也会感到焦虑和不确定。迪伦表示感觉"对自己正在做什么、要到哪里去、明天我要做什么感到更加混乱。今年真是一个过渡年"。在大二结束时，他回忆起这种从大一一直延续下来的感觉，说："我很担心。去年我遇到了一些问题，今年也是。"几近相同地，乔纳森在描述大一与大二的对比时指出："我觉得现在比较顺利，没有那么恐慌，也没有那么多起起落落。今年我只经历了一段比较糟糕的时期。"雷蒙德在大一的时候也感到了压力，指出："在第一学期临近结束的时候，我开始感到有些恐慌。我只觉得这是因为我不确定自己要做什么、想做什么。"不难理解，随着学生搬入校园，视野得到拓宽，探索的各种可能性出现，这些焦虑和压力的情绪浮出水面。探索新事物需要勇气，也会导致脆弱状态，这可能会让人感到害怕。

有时，恐惧与不安感是由在意他人如何评价以及与自我意识最紧密相关的工作和想法而产生的。贝姬描述了她在决定上高级课程时感受到的困扰，回忆说："我很担心，也很害怕。"晚些时候，在回应自己的作品可能被分享的这个念头时，贝姬得出结论："那真的是一件可怕的事情。你永远不知道自己是否能获得发表的机会和被认可，也不知道你是否足够好。"迪伦在大二的时候提到了类似的失去信心的情绪："对我来说一切都是模糊不清的，而且，从这个意义上来说，我很混乱。我心里有一丝丝自信，但没有根本上的自信。"与贝姬和迪伦类似，迈克也感受到了信心的削弱：

来到这里之前，我对自己在外做的事情充满信心。当我有所成就时，我就还好；但当我没有成果时，我真的不太好。我没有了真正内心深处的自信感，我不知道我现在有了没有，但我意识到我之前没有，或许这就是我尝试了那么多不同事物的原因。但另一方面，我也只是想看看，尝试很多事情。

后来，他试图理解这段经历：

我想诀窍就在于有所意识……一旦你意识到你的自

尊心下降，或者情绪低落、感到抑郁，原因或许只是你没有获得多少正面反馈。我想，一旦意识到这一点，你就向应对某些你遭遇到的挫败感迈出了重要的一步。我敢说，很多挫败感可能就是因为这个原因。每个人都需要正面的反馈、温暖的回应，或者随便你们怎样称呼这些。一旦你意识到了这一点，情况就会变得容易得多。而且，一旦你意识到大多数人都会经历这个成长阶段，你就会懂得这是不可避免的。

总体而言，这些焦虑的感觉反映了学生经历中的一个共同方面。尽管这种情绪很普遍，但这些学生常常感觉自己遭遇的问题是独一无二的。拥抱了新的经历、在各种情绪和不确定性中扑腾前行后，学生们学会了相信自己，并对于如何缩小目标与自我认知的差距做出诚实的评估。学生们的经历反映了两个关键技能的发展，它们能够为学生在这个具有挑战性但至关重要的领域中指引方向：（1）接受未来的不确定性；（2）接受失去，以选择道路。

接受未来的不确定性

尽管与自我探索相关的负面情绪有可能让人感到不知所措，但所有人都会在某个阶段经历这些。拥抱这些情绪，并懂得它们是寻找自我的过程中的一个正常部分，这一点至关重要。学生面临着越来越多的"搞定一切"的压力——完成学业、找到工作、选择人生伴侣，并在以上每个领域都取得成功。毫不奇怪，这可能让人感到不知所措（Brzezinska，2013）。正如加里总结的那样："当你觉得你必须对所有这些事情作出决定时，你会开始感到恐慌。真的不是这样的。我发现这只会让你变得紧张兮兮的，并不能真的帮你获得多少成功。"当马克斯需要确定专业并且不得不作出这个首个重要决定时，他总结道："不确定性有点儿让人不安。"

在发现自己是谁及想要什么样的生活的过程中，不确定性是其中的一环。我们的许多学生发现，接纳这个事实是有所助益的。这种拥抱未来不确定性的心态最终可以赋予人力量。到了大三，迪伦对自己经历中的这些具有挑战性的部分有了更清醒的认识，并意识到："是，我是真的困惑。我不得不接受这个事实，好吧，我就是感到困惑了。我一直试图看清自己的内心，弄清到底发生了什么，并试图用其他发生的事情来解读它。很多时候，我只好举手投降说，'好吧，我就只是迷茫了'。我必须接受这一点，然后继续前进。"通过允许自己不必对自己未来的"大局"有一个确切的答案，他为自己创造了空间，以此去探索未来的不同可能性。

加里描述了自己在大学头两年中得出的类似结论："我并不特别担心未来，我是说关于我将来会发生什么事情，我并不担心。因为至少对于未来两年来说，我觉得我是有一个相对清晰的想法的。我不能确切地知道我对此的感觉，这不是现在该担心的事情。你只需要诚实地扪心自问以后想要做什么，然后到了那一刻，你必须要作出那时最好的选择，因为这真的就是你所能依赖的一切。"朱迪丝也指出了这种心态对于她和她的同学来说有多么重要：

> 除了我自己的观点外，我真的没有什么可以依赖的。如果你对这一点有所疑虑的话，那么你可能会感到相当孤独。因为从某些方面来说，拥有一些你可以依赖的、不会

改变的且永远存在的绝对真理是很好的。然而，你又该如何帮助某人在相对感中更充实地生活，并在其间作出抉择，说"对我来说，这些是重要的事情"，还要对它们抱有足够的信心，但又不至于让它们变成绝对真理的程度？所以它们是相对的，但仍然合情合理地有效，也是你可以信赖的？我认为这是学生们正在经历的一种挣扎。

加里和朱迪丝都提供了一种模板，展现了学生要如何对新信息保持接受度，并在他们自问"我是谁、我想要什么样的生活"这些重要问题时，不对机遇关上大门。

有些学生在认识到自己实际上并不必须在当下就拥有所有答案时，会找到一种力量。相反，当他们建立起一个可以帮助自己在未来应对这些问题的框架时，会感到自信。例如，朱迪丝发现当她做自己时，能够反映出一种对于愿意接受各种选择的新的理解："现在，我不认为思想开放就意味着对任何事情都表示赞同。"克雷格也发现了这些限制，详细说明了他的认识："你能够改变的是自己和在一个情境中获得尽可能多的收益的能力。这样的改变会更加容易，也更具有建设性。因为当你离开大学时，你会获得改变情况及最大化收益的那种灵活性。"除了发现自我，学生们还学会了接受新思想与灵活处事，这种重要的思维习惯将在他们的生活中发挥良好作用（Brzezinska and Piotrowski，2013；Kroger et al.，2010）。

迪伦认识到自己的性格在探索的过程中得到了怎样的发展，这种发展让他得以开始提出困难的问题："去年，我对自己面临的状况非常担心，因为我并不认为自己有足够的力量独自应对它们。"他至此已经能够提出有关未来的问题，思考未来生活的样貌，他总结道：

"从很多方面来说，我都感觉更加开放了，但对于自己正在做什么、要去哪里感到更加混乱了。"这个过程对他而言很困难，但他试图将实际风险放入情境之中来考量："看看，现在一切都乱成了一团，但至少我意识到了这些。我只是不知道会发生什么，也真的不在乎。我关心会发生在我身上的事情，但我将遭遇的情况并不会对我造成任何危险。"在大学第一年里，他需要花时间将这个过程置于情境之中，同时允许自己进行对未知事物提出问题的智力工作。

卡尔在大一学年结束之时，惊讶于自己在如此短暂的一段时间内发生了这样的变化，并指出："我真的感觉自己是个不同的人了，截然不同。"他回想了自己对于开放地接纳这种改变的意愿，提出："这才是重要的，不要惧怕改变。就像一个在皮划艇上的小孩，抓住码头边缘。我是说，你得放手。"他觉得自己在大一结束时成功地做到了这一点。他幻想着自己的过渡期已经结束："我来的时候以为自己不会再改变了。你知道的，我在大一的时候已经完成了改变。"然而，经过了"动荡"的第二年，他得出结论，改变的过程是持续的。每一个新的挑战都在考验着他，也考验着他是否愿意再次"放手"并拥抱帮助他改变或调整目标的经历。这个周期一直持续到他毕业，且很有可能在往后的岁月里也一直持续。

学生们因未能解决问题而感受到的不安和焦虑，很大程度上事关就业市场、职业道路与毕业计划这些悬而未决的决策。朱迪丝描述，她的同学都感觉"一想到自己找工作的成功率，就对一切都有点儿悲观和怀疑",担心在"面对所有悲观情绪时,学生并没有真正可依赖的东西"。安东尼表达了类似的担忧:"因为一旦你离开了这里,就会面临很多不确定性。"雷蒙德在大四那年感到焦虑,他回忆道:"我从某一刻起开始感到有点恐慌,因为还有一年多我就要毕业了,我该怎么办呢?我想,我那时候不得不作出决定。"正如研究表明,负面情绪可能会引起身份认同的加深(van der Gaag et al., 2017),这些感受可能激励他们找到前进的道路。然而,选择前进的道路意味着要在某些目标上缩小范围,并对其他机会关上大门。尽管选择一个有意义的道路可能会令人振奋和充满满足感,但在前进的道路上放弃机会可能引发失落感。

尽管安德鲁最终确认自己想从事新闻行业,但他在大三时,感觉自己的时间不足以进行额外的探索,由此陷入了困境。他解释说:"我在 1 月和 2 月之间经历了一段相当长时间的抑郁。"他接着说,他的情感体验根源于一种压倒性的困惑感:"我感觉我的身份危机来得也有点早,我已经到了不知道自己想要什么的地步。而且,我不知道,我甚至都不确定怎么和别人相处了。"他本已存在的社交孤独感以及对恋爱伴侣的渴望,加上这种对未来何去何从的困惑,在大三学年的春季学期"压垮"了他。

接受失去,以选择道路

为了从探索转向自我意识与身份认同的达成,学生最终会面对关闭某些机会之门所带来的失落感。这样做时,他们能变得更加专注,并在社会中找到自己的位置。这种转变令他们准备就绪，并感到跃跃欲试。正如迈克所描述的那样："现在是时候动真格了。我以前从未有过这种感觉。这是我生命中头一次感觉到自己已经尝试了足够多的事情，所以我现在必须安定下来。更加专注的态度派生出一种满足感，而且我认为我现在想要这种满足感，我也愿意为此牺牲学习许多狂野且迥异事物的机会。在那一刻，那时，差不多是我开始改变的时候。也是在那年早些时候，突然间，一切都更加顺畅了。"

迈克也指出为了增加见闻而追求不同经历是有其价值的，但他也明智地得出结论，认为停留在探索阶段是没有真正的乐趣的："但我不认为你可以一辈子都这样愉快地在不同事情间左右横跳。我遇到过好多喜欢旅行的人，所以他们常常飞来飞去，而且他们总是给我一种印象：是啊，这真酷炫，但他们并不真正感到满足。在某种意义上来说，这是一种逃避。旅行的确受益良多，但提高专注度也能收获很多。"当年轻人停留在探索阶段时，他们可能因为不断获得新鲜体验而能够在一段时间中保持新鲜感，但最终，由持续新奇感的期待带来的回报将递减，而不稳定与不满足的感觉会递增。

如果不通过探索的过程来关上其中一些门并作出抉择，学生会陷入停滞状态，无法前进。马克斯和加里在平衡追求艺术的激情与关于追求更为"传统"或稳定的工作的文化信息之间陷入了困境。两位学生作为音乐人的身份使得他们对自己更为"务实"的职业产生怀疑，并对可能迫使他们远离音乐激情的相关专业产生怀疑。其中隐含的一些问题是：音乐这种创意出路是否是应该加以培养的更加真实的自我表达方式？在看似取舍权衡的情境下，他们是否正在作出正确的决定？

马克斯对音乐的喜爱几乎与对所选定的主修专业化学的喜爱一

样，这令他对自己作为科学家的未来产生了疑虑。他描述了自己继续探索的欲望，然而他要面对要求修习专业课程的现实。在经过深思熟虑后，他确认道："我很确定我的兴趣仍然会保持在科学领域，还是有些微的可能性会转移到音乐上去，但我真的怀疑这一点。我不知道。我只是很喜欢这些事情，我学到的越多，就越喜欢。"类似地，加里也在自己对音乐与科学的兴趣中挣扎。然而，和马克斯不同，他选择了一条相对不那么稳定的道路，并得出自己将继续追求音乐的结论，至少目前如此："是啊，从某些方面来看，这是一种奇怪的感觉，因为，慢着，我曾对这个感兴趣啊，或者类似的？我的情况是，我总是将自己看作一位科学家，一定程度上来说现在依旧如此。但是，我发现自己对音乐的喜爱更胜一筹。我一直在演奏单簧管，并一直在学习。但我发现这才是我真正想做的事情，我想。我不知道。我打算开始主修音乐，看看自己是否喜欢它。"

在学习了一门音乐课程后，加里意识到这并不是他想要长期从事的事业，他最终决定不再追求音乐。因为充分探索了这个选项，他对自己的决定感到很自信。他总结道："我认为我不会真的想把自己的一生都花在这上面。如果我是音乐史学家，我会觉得称呼自己为音乐家是件很可笑的事情。"到了大四，他依旧很坚定地决定要追求科学之路，而不是音乐。用他的话来说，"是的，我非常高兴我没有选择音乐那条路，否则将是一个严重的错误。我可能会为了乐趣玩一玩，但我不知道我是否会试图用它来挣钱。我也在考量把业余天文学发展成一种爱好。"尽管得出了不同的结论，但马克斯和加里都需要在探索两条路之后才能自信地作出决定。

安德鲁常常感觉自己要在对音乐的兴趣和打算从事的

政治新闻学职业这二者之间被"撕成两半"了——后者是他一年前达成的决定的结果。在试图理解这种紧张感的过程中，他描述了自己内心的矛盾："我已经快到了一个我不知道自己想要什么的地步。你看，我不知道自己想要先放弃什么。我喜欢写作，我也很确定自己有些才气。我喜欢音乐，只为取乐，并不想以此为业。我在新闻学中享受着我自己的风格。"然而，他也指出："我相信自己的音乐与电影品味，我真的成了一个爵士乐迷，我喜欢爵士乐。"这些选择令安德鲁感到不知所措："我有着这些不同的兴趣，但不知道该如何把它们结合起来。"尽管他最初声称自己可以避免作出选择，宣称"我是不会去考虑这个问题的"，但他在访谈中反复提及这个挣扎。最终，他找到了一个解决之道。正如他能够将对政治的学术兴趣与成为新闻记者的目标结合，他找到了一种方式，让自己能平衡对音乐的热爱，并在不放弃自己的职业之路的前提下追求音乐激情。他决定在追求职业生涯时，在另一条轨道上拥抱音乐，丰富自身并为自己提供灵感。在这种情况下，他必须对自己的兴趣做出调整，划定优先级，以便在自己规划的道路上前进。最终，他觉得这是一个积极的解决办法，能够让他继续参与一系列无法与单一的职业道路融合的兴趣活动。

向前行进

身份探索与自我重塑可能导致与长期持有的观念"重修旧好"，

或拥抱一条以前难以想象的道路。然而，真正且重要的结果是发展出一套套探索、反思与精炼兴趣的模式，以帮助年轻人在成年后重新审视有关自我与身份的重要问题。这创造了一种灵活但持久的自我意识。每一个重大的人生变动，如找到新工作、搬去新城市、缔结与解除婚姻、生育后代或遭受重创，都将引发新的自我认同与转变的机会。这些"里程碑"提供了一个新的机会来使用与进一步完善这些技能。如果学生在过渡到成年期时，获得了在不断找寻自我的过程中使用的工具，他们就能够对重新审视"我是谁"及"我想成为谁"这些经典问题做好准备，并给出新的答案。因此，在成年早期找寻自我的目标，不应是让他们带着完全成型、不可改变的自我意识踏上其人生的下一章节。相反，目标应是培养能够让他们在一生中不断进行自我认知探索与自我重塑的思维习惯。

第五章

发现人生目标

从发现兴趣到规划未来的这场旅程是迂回而复杂的，充满了不确定性与优柔寡断。面对眼前的各种可能性，学生从关于自己"应该"做什么的先入之见中解放了自我，保持开放的心态去考虑之前或许从未考虑过的职业，设想能反映他们最真实的自我的未来。这是一个动态且具有协同作用的过程，开始要经历数次失败，其间会伴随不断顿悟。潜藏其中并挥之不去的是学生的痛苦煎熬，他们以为同龄人似乎已经"搞定一切"，唯独信心匮乏的自己优柔寡断，艰难地寻找着自己的道路。事实上，他们感受到的不确定性是规划未来之路的过程中正常且有益的一环。

　　上大学通常会扩展职业选择范围（Robinson and Smith，2010），并让人有更多时间考虑一系列选择。因而，对于找到人生目标与人生意义并将其转化为职业目的，就有了一种期望，甚至压力。迈克阐述了这样的愿景："基本来说，我认为我想做一些我擅长并能从中获得满足感的事情。"同样地，乔纳森反映："我真心觉得，只有在我做的事情对我来说极具挑战性、我喜欢做，且会给我带来满足感时，我才能在其中感到快乐。"通过以这样的方式构想职业探索，这些学生提高了自己对职业的期望和标准，这最终使得选择"正确"道路变得更加困难，且难以同想象中的"理想"道路区分开来。

贝姬描述说，自己从童年起就想要成为一名作家，然而来到大学，她对这条职业道路产生了疑问："时不时地，我会问自己：'我是真的想学英语言文学吗，还是我只是一直在维持这个关于自己和英语言文学系学生的幻想？'"她自问自答，指出："但，我真的看不出我还有什么想学的专业。"她随后确认："我一直想成为一名作家，我现在也想，因为这是我最喜欢做的事情，也是我最擅长的事情。"贝姬描述了为何找到一份愉快的工作是核心目标："在考虑未来时，我一直在想我并不想要一份'正式'的工作。我只是想做一些自己喜欢的事情。"她进一步解释道："我想做一些能让我的头脑保持忙碌的事情。"她总结说，选择工作最好的方法就是确定"是否有一些你喜欢并且擅长的事情"。

对目标与意义的探索

年轻人怀揣着对未来生活的期望与潜力，希望能成为重要的人，做重要的事。目标感往往是在一些对己方有意义的同时也对社会有益处的问题与活动的交汇中涌现的（Bronk et al.，2009；Damon，2009）。要感觉自己的生活与工作有价值，目标感至关重要。在寻找一份有意义、重要的职业时，学生可以从让自己的激情与才能改善社会的方式入手。随着与世界的接触变得更广泛，青少年与青年越来越意识到社会问题，他们为形成自身对于不公、正义及其缘由的信念做好了准备（Wray-Lake et al.，2017；Yate and Younisss，1998），并形成了积极参与、改善自己周围的世界的渴望（Metzger and Smetana，2010）。在经济动荡的时期，这种关注尤其显著。

　　对学生来说，要在回报世界的理想之外更进一步地具象出如何"在世界上做好事"的计划，可能是困难的。德博拉对于自己要追求什么样的工作感到困惑，但她知道自己想要在现实世界产生影响，她说："我不想从头到尾永远都窝在图书馆里！"弗兰克也在寻找自己的职业道路，他理解找到目标的重要性，并认识到自己最终是不会满足于为了钱去找工作的。在考虑过能够保证财务稳定的传统职业道路后，他得出了结论："我对自己的未来有点儿不确定了，我并不确切地知道我这一生想做什么。我想要做一些有价值的事情，实际的事情。要说一个人究竟做什么才是最有意义的，真的很难。我猜这种困惑是有益的，因为这就是一个难以解决的问题。很多人进入某种职业只是因为听说这是对自己最好的，他们甚至在入行前从未认真考虑过它。每个人最适合什么显然不是一件清晰明了的事情。"

　　对社会问题的意识伴随着职业规划的推进不断提高，而大学数年也提供了探索的时间，因此，年轻人有可能将热情、务实与目标感融入自己的职业规划。琳恩知道她希望自己对科学的兴趣能够造福社会。她想找到一份能够"产生最大人道主义影响"的工作，但她不确定这样的工作在现实中会是什么样子的。马克斯也描述了自己在化学专业——同时也是他个人的热情所在——与自己想要做重要之事的欲望之间的挣扎。他感叹道："我陷入了一个问题：化学有多有用？或许我可以学会如何制作更好的牙膏之类的东西。哇哦！"为了避免这种结果，他考虑了一条替代路线，将自己的学术兴趣与可以为社会做出更大贡献的工作相结合，而不仅限于产品开发之类的事情："我可能想要更多地涉足生物化学和医学研究之类的领域。

我觉得这对社会来说更有用，也更有利，而不仅仅为了赚钱。"这种拒绝仅以金钱来衡量职业的态度也出现在了其他学生访谈中。例如，弗兰克解释说只有通过"拒绝物质主义"，他才能够考虑到职业的内在价值，而不是简单地看它所承诺的经济收益。

安东尼通过特别专注于解决严重的社会问题来确定有意义的职业。他描述了自己因为认识到国际关系学不是解决不公问题的最有效手段而放弃了这一早期职业兴趣："对于一个以后的生活与国际关系无关的人来说，对我来说——只是对我来说——这个职业在某种程度上似乎是徒劳无益的。所以现在，我会把兴趣更多地转向城市问题。我现在主修社会学，就是像城市政治学和社会学这样的。"安东尼描述了他放弃原本的兴趣的理由："我常常会有这样的感觉：我到底在做什么？就像，我对任何事情做出了什么贡献吗？从某些方面来看这似乎有些理想主义，但我真的相信社会变革。我对很多事情变得越来越悲观了。但我总体来说还是一个乐观的人，而且对错分明，不想放弃对抗不公。"最后，他担心找不到能为世界做出真正贡献的工作，并因而感到不满足："如果我考虑的是'这件事有什么用'，只会让我的人生变得毫无意义，如果我只是为了谋生而做某件事的话。"在确信了自己能够找到可以在大学毕业后支撑自己的工作后，他得以将寻找一份有目标感的工作列为优先项，并提出更多类似关于做重要之事的存在主义问题。

当雷蒙德考虑学医时，他记起了自己母亲在分娩他妹妹时求医是多么困难。他想知道自己是否有可能为自己出生的乡村社区填补这个空白，解释说："我想，或许回去当个医生不是个坏主意。"在考虑到自己可能为祖父母与大家庭依然生活其中的家乡发挥作用时，他的使命感变得更加强烈，回忆道："当我还住在那里时，那里没有一个黑人医生。据我所知，现在也没有。"他开始考虑自己挺身填补这个空白的可能性，做出总结："我只是觉得，因为附近没有任何黑人医生，那里可能会有这种需求。"当他意识到这个为社区做出贡献的可能性后，他对医学领域的热情变得越来越强烈，并为自己即将在这个领域做重要工作的可能性感到兴奋。

我们的学生有时间寻找目标感与意义，接触社会、全球问题与不平等问题，拥有理解与塑造自我意识的思维习惯，也有机会去考虑如何将上述这些融入一个重要且对社会有贡献的充实未来。然而，要确定何种职业能够让他们实现这些目的，需要有引导的探索、自我反思以及展望各种可能性的时间。

可能的目标与职业兴趣的融合方式

对探索保持开放的态度，有助于学生发现新颖且充实的职业道路并将他们的兴趣与职业选择融合在一起，在大学的开始阶段尤其如此。然而，学生很早就会感受到缩小职业选择范围的压力，这通常是因为他们需要满足预修课程的要求。即使没有课程限制，一些学生也认为自己需要知道自己在做什么，才能充分享受上大学的好处。此外，正如职业发展专家们指出的，优柔寡断与焦虑以及其他负面情绪影响相关（ *cf.* Kim and Lee，2019；Nauta，2012）。然而，有指导的探索可以减轻焦虑，帮助学生在评估选项的过程中培养自主权。最终，这种反思可以带来更符合学生自我意识的职业决策，并带来更持久的职业满意度（Lent et al.，2019）。在学生能够充分探索前，催促他们排除选项、关闭机会，会削弱大学的一个主要优势，即有时间与空间来寻找"我是谁"与"我对未来的期望如何"这两个问题。

　　虽然雷蒙德最终决定成为一名医生，但在刚入学时，他并不确定自己要追求哪条道路："很久以前的某段时间，我曾想过自己可能希望成为一名医生，但我不确定；我曾想过自己可能希望成为一名律师，但我不确定；我曾想过自己可能希望攻读经济学领域的研究生，但我也不确定。我就是不确定。"这种不确定感让雷蒙德感到不舒服。作为家中的第一代大学生，他感觉自己有责任充分利用大学教育。甚至在抵达校园之前，他就决定选择经济学。他认为自己将追求一份商业职业，并自信地认为这条道路可以让他将兴趣与既稳定又有声望的工作结合起来。回头来看，经济学并不适合他。

　　回想自己最初的选择，雷蒙德意识到自己的观点已经发生了多大的变化，总结道："当我刚刚来到这里时，我对自己想要做的事情的想法与现在完全不同。我起初选择了经济学，但随后我对它不感兴趣了。我得出了一个结论，就是我从经济学中学到的很多东西或许对任何事情都没有什么作用。"当他离开了这个领域后，他开始探索其他的学科，最终有机会接受了自己的不确定感："我还选修了一些与它无关的课程，这样一来我就能尝试一些其他的东西。"
他的探索领着他回到了医学，这是他没有经过充分考虑就
关闭机会的道路中的一条。首先体验经济学课程的机会对
他是有益处的，这令他得以确认自己并不适合这条道路。

重要的是，经济学的学习经历最终帮助雷蒙德更充分
地考虑了他将如何通过医学回报世界。他对整个医疗保健
系统，尤其是可得性问题，表示担忧："我不知道。这里存
在着如此之多的不平等，如此多的问题。我觉得人们已经
开始认为医生都是自私自利的了。他们不太愿意将医生看
作伟大的慈善之人，尤其是在医保方面。现在，医生们会
说，'我们向其余人收取高额费用的事实，可以通过向贫困
及老年群体收取较低的费用来作正当辩护，这些人可能并
没有那么多钱'。"雷蒙德在大一时探索了经济学，这个领
域的知识帮助他思考如何在他认为有缺陷的系统中采取不
同的操作方式。这个认识帮助他构想出了一条令他感觉可
以做出真正贡献的职业道路。

尽管加里在抵达校园时心中已经有了自己的职业规划，但他很
快意识到自己过早地关闭了探索的大门，并开始领悟到探索新的可
能性的好处，忽视了这种确定性的缺位可能引发的焦虑。他回想道：
"来到这里的时候，我曾有一个计划，但我发现，首先，它同我发现
我想要做的事情并不相符。"他理解这种自由的好处，但在这个过程
中感到迷茫：

> 你会发现自己每一周都在改主意。那么，有什么好

在意的呢？目前，我并不准备进入下一个阶段，你知道我的意思吧？在小学时，你想要进入初中的快班，然后进入高中的快班，然后就是进入一所好大学之类的。然而，至少在目前，我并不准备进入医学院、法学院或者任何学院。在这种意义上，我并没有太大的压力去表现优秀，只为在申请研究生时能够展示出一份漂亮的成绩单。

不那么严格地规划自己的未来，并允许自己享受初次弄清楚事实的过程——加里能够体会到这种经历。然而，他并不知道如何最优地利用这种新获得的自由，来作出如此重大的决定。

迪伦也必须弄清楚如何从大学里可能的探索中获益。由于他还没能确定职业道路，他担心自己是在浪费时间："我现在并没有一个明确的目标。所以，我就只能到处游荡，修习一些看上去有意思的课程。这可能就是为什么我今年没能真正体验到大学的全面价值的原因。"尽管他意识到了追求自己的兴趣与参与到不同机会之中的重要性，但他还是担心迟迟不确定自己的道路意味着掉队。由于他的父亲非常强烈地支持他成为一名律师，他有需要尽早作出决定的巨大压力。迪伦还没有准备好投身这条道路，他感觉更充实、更有意义的东西正在前方等待着自己："我真的想要找到一个我想从事的领域，或者任何一个我真心想要研究的事物。"在未能肯定探索的重要性的情况下，他忽视了将自己从父亲期望他做的事情中解放出来的价值，并错误地认为只有在他弄清楚之后才能获得大学的好处。

在同父母分开一段距离之后，迪伦学会了欣赏从规定的道路中解脱出来的价值，陶醉于不确定性与可能性之中。他描述道："我所学的专业并不是那种你可以在四年之后立马找到某个工作的那种，我很高兴它并不是那样的。我也很高兴自己在现在的这个系里。它提供了一个良好的环境，无论我想做什么事情，它都没有迫使我进入任何特定领域，我认为这对现在的我来说是非常合适的。我认为，现在更好的做法就是为自己打好一个广阔的基础，让我可以观察不同事情，然后当时机来临之时，我就可以开始缩小关于事物的视角了。"他自信这种方式会奏效，指出："我认为我不会在找工作方面遇到太大的问题。"这种确信让他能够拥抱曾经没能完全理解的自由。

迪伦对于拥抱未知与探索的价值深信不疑，以至于担心无法获得这种认知的同龄人：

> 我想，能够知道自己想做什么且试着努力去争取，是一件好事。但在人生中早早地就禁锢了思维，直接追求当下想要的东西，似乎会浪费掉很多未来有所作为的可能性，而且你永远都不能确定。或许，在十年、二十年后，你可能不再喜欢自己曾努力去实现的东西，届时你又该如何是好呢？我认为这样看待问题是非常狭隘的，我也并不觉得这在长远看来是件好事。我有一些朋友，他们非常有进取心。如果这就是他们想做的事情，那对他们来说是挺好的。但对我来说不是这样。我的意思是，他们甚至不会停下脚步看一眼自己在什么。他们只是冲出去抓住某件东西，放在身后，然后试图抓住下一件东西，再次放在身后。如果这就是你一生中想做的，那挺好的。但，我觉得那不适合我。

从害怕过多的探索意味着自己抓错了大学的重点，到发现探索的过程才是大学的核心，他已经走过了一个完整的循环。

马克斯也开始相信这种广泛的探索正是大学的意义所在。他希望事情能够顺利进行，但在这个过程中，他既没有计划，也没有指导来支持自己。他描述说："我只是喜欢做这些事情，学得越多，我就越喜欢它们。有时候我觉得我太过纵容自己了，选了太多自己喜欢的课，而我'需要'的课却选得不太够。不过，这就是我来这里的原因。我想，我还有两年零一个月的时间，所以我还会继续'货比三家'，希望到大四结束的时候我会有更具体点的想法。"迪伦认为要在不过早排除其他选项的前提下平衡寻找发展方向的需求，马克斯的想法与他一致，希望更多地了解自己那些只是纯粹喜欢的课题。他甚至对发现某些新事物并因此走向不同方向的可能性持开放态度，他解释了自己的方法，说道："我真的不知道我下一步要去哪里，所以我还在摸索中。"在探索了艺术课程后，他感到自己的好奇心得到了满足，能够重新回到自己最初的计划中去了。他坦言："我很确定我的兴趣仍然在科学领域。"因为在这个过程中花时间考虑了其他的选项，他对于坚持这个决定感到自在。

在考虑成为一名作家可能面临的挑战时，贝姬思考了其他可能的职业，她考虑道："当一名心理学家可能会很有意思，这也与写作相关。那就像在观察别人并好奇他们在想什么，或者思考他们在想什么。"然而，她并没有采取任何行动来探索这条道路（"我在这里从未修过心理学课程"），并承认自己完全没有深入思考过这个主意（"我甚至不知道自己是否会喜欢其中临床的部分")。为了解释这种缺乏探索的情况，贝姬总结道："我只是喜欢去思考它。我从未学过相关课程，但它令我着迷。"最终，她没有追求心理学。在没有积极考虑其他选项的情况下，如一直以来为自己预想的那样，她最终决定成为一名作家。然而，直到大四毕业之前，她仍在谈论自己未经探索的对心理学的好奇心，这表明，对于自己在没有真正探索其他道路的情况下就选择了职业，她是缺乏信心的。

德博拉也意识到了大学对于扩展其兴趣的独特价值，并作出了能够开拓这些可能性的选择："这就是为什么我会说要选择一个灵活的专业，给自己一个弄清楚究竟想要做什么的机会，而不是浪费你的学业。"她确实注意到了探索比她预想中困难，总结道："我去年真的没什么时间，一直在努力完成与主修专业相关的事情。这样一来，就没有多少精力去做其他事情了，这是不好的。因为，当你对某件事情感兴趣时，你总能做得更多。但对于你没有兴趣或者需要帮助的事情，你可能永远都没有学习的机会。"尽管她想要进行探索，但她发现在没有指导的情况下，很难知道要如何更好地利用时间。

学生也可以在课堂之外探索职业。朱迪丝回忆说："在高中的时候，我曾觉得我会想主修戏剧。但我越来越意识到，那并不适合我。"在大学的头两年中，她利用空闲时间进行戏剧创作，此后她便排除了将表演作为职业的可能，解释说，虽然这与她的兴趣相符，但并不符合她对绝对稳定性的渴望："如果我选择戏剧行业，我会感觉非常没有安全感。"这一认识让她能够将表演作为一种业余爱好继续发展下去，同时，在重新确认了成为一名教授的计划后，她将专业精力投入了攻读英语言文学学位上。

最终，我们所有的学生都发现了探索的益处，这帮助他们抵挡住了在没有首先考虑一条职业道路对自己的未来意味着什么之前就冲向这条既定道路的诱惑。这些学生的经历提出了一个重要问题：为了支持找寻目标并将其转换为职业的过程，该如何分配大学时光？如果仅仅将大学几年视为对预先确定的道路进行的培训，那么一种解决方案应该是快速地引导学生作出职业决策，或甚至是在决定好职业道路之前延迟大学入学。然而，即使在学生自信知道自己的计划的时候，他们仍然会从探索时间中获益，让他们将自己想要追求的领域进行细化，根据兴趣的变化重新评估计划，以及明确职业与爱好之间的区别。如果就像我们的学生提出的那样，大学是一个探索的时期，且是深度融合职业、目标感及社会贡献的时期，那么，我们就需要将广泛的探索看作这个过程中正常的一部分，并为学生创造必要的支持，让他们得以了解其中全部的益处。

他人的意义：镜子、窗口与指路明灯

关于如何进行广泛探索并适当缩小范围，学生需要获得支持以作出明智的选择（Lent et al., 2019）。指导是帮助年轻人专注于长期目标与目标感并鼓励学生追求其目标与梦想的关键资产（Liang et al., 2002, 2016; Strada-Gallup, 2018）。考虑到职业探索固有的不确定性与迷惑性，许多学生都会在校园中寻求来自学长或教授的意见。有关辅导的理论将重点放在这类关系中培养参与度以及为年轻人作出职业抉择赋予力量的可靠度这些关键方面（例如 Jordand et al.，1991）。在建立辅导关系时，往往建议学生组建由多名顾问组成的群体，这被称为"群星"（constellations）（Higgins and Thomas，2001），从很多方面来说，这意味着关系网中人数越多越好。然而，事实上，辅导的质量才是最重要的（Lund et al.，2019）。单单一位懂得倾听、鼓励探索并能帮助学生反思自己的选择的指导者，就可以产生深远的影响。

在学生进行广泛探索的过程中，他们需要指导，无论他们是要带着一种新发现的坚定回归自己进入大学之前的目标，还是踏上一条全新的道路。在我们的研究中，学生们描述了三种不同的指导者类型。第一种，学生描述为能够举起镜子，促使他们进行自我反思的重要的人，这些人让学生得以理解自身，并更清晰地看见自己的才能。第二种，是学生描绘的那些为自己打开窗口的人，这些人令他们看到任何既定领域内的各种可能性，并想象出这类工作的现实情况。第三种，被学生描述为那些成为自己指路明灯的人们，这些人是各自领域中的指导者，为他们提供真实的第一手知识，并就如何为该职业做准备和取得成功提供权威的见解。

镜子：帮助学生看见自我

当学生试图将自己的兴趣与职业道路匹配的时候，他们需要一些人来帮助看清自我及自己的兴趣。有人举起镜子并不意味着学生总是会同意所看到的或所描述的内容。有时候，他们会表示不同意，或忽略所收到的意见，这可能也同样是有益的。在许多情况下，这种关系促进了自我反思，这在学生制定未来计划时，是一种令人难以置信的肯定。

对很多学生而言，镜子的角色通常由了解他们的家庭成员扮演。在考虑自己的职业选择时，迪伦从高中起就常常依赖母亲的建议，后者有着专业的咨询经验，因此他获得了超出传统家庭指导的支持。他回忆道："她对于引导人们达成目标或职业等方面有很多了解。她给我做了职业测试（Strong Vacation Test），因为我当时对于自己何去何从感到困惑。"迪伦看到了测试的结果，解释说："在法律之类的方面，我的数值几乎是爆表的。她当时说，'噢，天哪，你几乎与律师的兴趣领域相同'。"即使获得了这些洞见，他的母亲还是谨慎地避免过度指导。迪伦回忆说，母亲曾说过："我不想表态，但这是我看到的情况。"当他抵达大学后仔细考虑自己的职业时，他描述了这个时刻对他的重要性，总结道："我一直都记得那件事。"在思考了职业测试和母亲的话后，他最终意识到："我仰慕与尊敬的大多数人都是律师，所以这对我有着很大的影响，我猜也应该如此。"基于这次对话，他得以深入思考自己与这个领域的契合程度，并开始对探索这条道路感到自信。

康纳在考虑职业选择时，也依赖其母亲对他才能与兴趣的反馈。这一点尤为重要，因为她既了解自己的儿子，也了解儿子正在追求的领域：专业摄影。事实上，康纳的兴趣最初就源于观察母亲的工作。他回忆说："我母亲是一名时尚摄影师，她也看过我的一些作品，总说我有很好的眼光，只是需要训练。"当通过课外活动寻求这种培训时，他从其他人处也得到了类似的反馈："我一直在为校报工作，那里的人说，'你有很好的眼光'。但愿，如果我按照别人说的那样继续努力，我或许会成功。我或许是有才华的，只是需要培训。"来自自己母亲与同龄人的一致信息为他提供了肯定的反馈和对于自己确实走在正确的道路上的信心。另外，他的同龄人选择了如法律、医学或商科等更为传统的道路，他追求的道路并没有与那些道路同等的稳定性保障，而这些反馈给他带来了一种对于追求这条道路的乐观情绪。

镜子并不一定只来自家庭成员。事实上，家庭对职业选择的意见可能成为棘手的问题。与迪伦母亲在给予建议时的有意温和不同，迪伦父亲的建议是指令式的。他没有通过举起一面镜子帮助迪伦反思自己的才能与兴趣可以如何同法律职业契合，而是向迪伦施压，让他不经任何反思就去追求这条路。虽然迪伦最初拒绝过这条道路，但他在大三的时候感受到了法学院的吸引力。通过课程和与同龄人的讨论，他找到了自己的内在兴趣，但来自他父亲的高压影响几乎令他完全远离了这个领域。

镜子还可以来自看到并肯定了学生才能与潜力的其他人。虽然迈克对于自己成为医生的目标充满了信心，但他从一位学长那里得到了关于职业选择的建议。迈克回忆说："他对我指出，他认为我很擅长处理人际关系。他认为我应该成为一名政客，或从事社会工作之类的。他让我意识到我是可以做这类事情的，而且我还可以做得相当好。"通过提供这些建议并提及其他职业（政客与社会工作），这位学长提供的反馈也令迈克对医学产生了怀疑感："虽然他并不是直接说的，但他向我指出成为医生确实需要良好的科学背景，也需要真正喜欢科学，否则他们不会真正对自己做的事情感到满意。"最终，迈克在考虑了这个建议后依然肯定了自己进入医学领域的最初愿望。回头想来，他认识到了那次对话的重要性："我想这正是因为和他这样的人的接触。我认为他是一位优秀的科学家，同时也是一位非常温暖的人。或许就是因为看见这两种品质在他身上表现得同样出色，我才觉得：'嘿，这也是有可能的！'"

窗口：拓展对可能性的感知

除了能够帮助学生看清自己并缩小选项的镜子之外，他们往往还需要能够充当窗口的指导者，来向他们展示有哪些可能性。我们的学生描述了一些帮助他们去思考自己的兴趣与才能可以如何引导他们走向不同职业道路的人们。对于某些拥有较多分支的职业，或者当学生在家乡的社区或亲朋好友之中没有见过在那个领域工作的榜样时，这尤其有用。这类担任窗口角色的顾问能够帮助学生理解该如何实现自己的目标并为一路上要面临的挑战做好准备。窗口具有三种形式：信息提供者，分享自身的经验；直接体验，提供工作机会，为学生带来亲身了解特定工作内容的机会；榜样角色，向学生展现像他们这样的人在那个领域是受欢迎且可以获得成功的。

首先，信息提供者能够通过分享自己的实地视角，为学生带来有关工作世界的启示。加里需要一位信息提供者来帮助自己权衡是该学习音乐还是医学。前者提供了一个抽象的路线，职业稳定性较低，而后者则提供了一个具体的轨迹，有很高的财务稳定性。他知道自己不能同时拥有两种职业："我知道有些人会做这样的事情，但需要很强很强的能力。而且玩乐器是需要花费时间的，你必须找时间做这些，此外还需要在其他方面获得专业能力。我不确定我是否有那么聪明。"面对这样的认识，他寻找其他人来帮助自己在两种热情之间作出抉择。最终，他依靠了社群里一个与他拥有共同兴趣的研究生来帮助他考虑从事音乐职业会是什么样的。他回忆说："我认识一个曾在这里读大三的学生，他以前是物理专业的，发疯了一样对音乐感兴趣。从那时起他就一直在做音乐，现在已经是研究生了。"加里描述了另一个曾在两条类似的道路之间犹豫不决的学生："那是合唱团的指挥，我想他在 6 月或 7 月的时候要拿到这里的音乐博士学位了，他本科是数学系的。"虽然这些学生都在攻读音乐专业的研究生学位，但加里对于自己是否要走这条路仍然不确定，他考虑到了二人为了将自己的所有时间都投入音乐训练与表演而不得不做出的牺牲。通过向这些信息提供者学习，他考虑了如果追随他们的脚步，他的生活将会是什么样子，同时怀疑那样的生活是否真的适合自己。

后来，加里描述了自己与音乐老师的交流，这让他找到了解决困境的办法。这位老师充当了一位信息提供者，介绍了将音乐作为业余爱好而不是职业的想法。他回忆说："我的老师告诉我，他认识一个在相当不错的交响乐队里演奏大提琴的人。他就决定，'噢，这一点意思都没'。"那个人决定放弃音乐，转而选择医学职业——这正是加里面对的局面："他去了医学院，现在是一位厉害的外科医生了。他只享受在晚间演奏大提琴的美好时光。"认识到自己不必放弃音乐或科学中的任何一个，他做出将医学作为自己的职业并将音乐移到次要位置的决定，虽然他仍然担心自己是否有能力继续同时做这两件事情。这三个窗口为加里提供了关于他人在相似处境中所作选择的不同观点，并且，在获得了同龄人与一位教授的意见后，他得以为自己作出明智的决定。

通过提供知识，信息提供者还可以提供通向职业的窗口。当德博拉考虑自己的职业选择时，她困惑于要如何知道自己是否会在该领域感到快乐："我还不能确定一切事物是如何运作的。一个人作为本科学生阅读一份工作的描述，是一回事；亲身体验并弄清自己是否能适应那种生活方式，是否能承受那种压力，是否能应对一天天的工作内容，或者是否更适合将自己引导到其他事情上，又是另一回事。"由于德博拉知晓自己对国际关系领域有着浓厚的兴趣，她倾向于在美国国务院工作。她的叔叔能够充当信息提供者，为她提供一扇了解那种生活的窗口。她思考了叔叔为她提供的价值："他就走在我考虑要前往的方向之上。所以，在类似外交服务项目性质的相关内容上，我会咨询他的意见。他可以告诉我一些关于美国国务院的情况，这很有帮助，至少我能获得一点小小的内部消息。"他还就生活方式和可能性为她提供了一些见解，让她的职业愿景变得更加明确。这些有关职业生活的真实样貌与如何在这样的职业中前行的对话让她重新考虑了自己的兴趣："当我与叔叔以及其他一些人交谈时，他们都对一件事有很大怨言。他们说，当美国国务院说要调任时，你必须迅速行动。而我不确定我是否愿意在他们说要行动时放下手头的一切，就这样离开。所以，我差不多决定了，我并不认为这适合我。我想，在一段时间以后，我可能会非常后悔。"

德博拉放弃美国国务院的职业愿景后，仍然试图留在国际关系领域。她沉思说："还有 CIA 以及其他类似的选择。不过，我不确定那种事情。我认为这些可能与外交部一样，需要频繁搬迁。"在帮助她思考这种可能性方面，她的叔叔同样是一位很好的信息提供者。在与他交谈后，她感到退缩了："我觉得那是一种很大的压力。我不知道。我觉得对 CIA 来说，我是个'大嘴巴'。"她得出结论——这也不是她想要的那种传统职业。她叔叔的见解对她大学毕业后的职业思考与计划起到了重要作用。如果没有从来自这个领域的人那里听说这些，意识到流动性与保密性是这些工作的重要组成部分，她或许会继续走这条路，只想着从实际工作中能获得的乐趣。认识到这样的职业生涯可能对自己工作之外的生活产生显著影响，她决定选一条新的道路。在感受到国际关系可能无法将她领向想要的未来之后，她关闭了那扇门，回想说："我对我自己说，'好吧，我还能做些什么呢？'。"

作为对这个问题的回答，德博拉决定考虑那些可以让她探索其他兴趣的职业：帮助移民者。在可以投身这个职业之前，她需要考虑这个职业在现实中可能是什么样子。她试图找到一扇了解这个替代职业道路的窗口："在大多数情况下，我一直在试图四处寻找，与那些从事实际工作的人交谈，而不是阅读目录，后者只谈及在理论上能做、但在实际就业市场上却根本找不到的工作。"她还找到了可能会像她的叔叔一样帮助她的新的信息提供者："明天我要去见拉比*，问他是否有些我可以作为研究生参与的项目，或者一些与移民者相关的工作。或许是有这个可能性的。"因为她的叔叔帮助她看到了拥有一位信息提供者是多么有价值，所以她在前往探索这个新领域时，也试图找到其他可能提供类似指导的人。

迪伦的父亲热衷于通过联系指导者来帮助他为法律职业做准备，这些指导者也可能成为信息提供者。迪伦说他的父亲"与自己所有的律师朋友对话，而且还试图让我同他们对话"。在这个案例中，迪伦的父亲将他与其他可以帮助他完善法律职业图景的人联系了起来。

直接体验是通向职业生涯的第二扇窗口，通过实习与其他工作获得。学生不仅可以接触到该领域的专家，还能够获得亲身经验，帮助自己决定某份工作是否可以令其日复一日乐在其中。这种洞见可能是无价之宝。虽然来自他人的建议可以帮助学生思考在特定领

---

* 犹太人中的一个特别阶层，是老师和智者的象征。——译者注

域工作的人的过往经验，但只有通过亲自尝试体验，他们才能真正地认识到对于个人兴趣与性格特点，什么是合适的，什么是不合适的。如果这种获得第一手体验的机会伴随着获得津贴或者学分的可能，这些信息就更有帮助了，因为这样一来这类经验就会向尽可能多的学生敞开大门。

　　卡尔在大二时仍然主修社会学，他承认"我对心理学越来越感兴趣了"，并解释说："我非常关注精神分析。"在放弃这条道路之前，他想确认自己是否如想象的一样能够享受在这个领域工作。他在一个心理学实验室找到了一份研究助理的工作，后来将其描述为"我生命中的一个重要组成部分"。他很感激实验室主任对自己的指导，并指出这段关系帮助他探索这个领域的好处："她在很多方面都为我提供了帮助。"卡尔在实验室的暑期工作后来一直持续到了大三与随后的暑假。他兴奋地描述了自己将协助观察年幼儿童的实验。他认为这项工作是一次尝试心理学的另外一个分支以及在该领域获得不同类型的经验的机会。在实验室度过的时光帮助他作出了升入研究生院攻读心理学的决定。他对这个计划的信心直接源自对于自己有多么喜欢日复一日地从事这份工作的全面认识。

　　迈克也希望通过亲身体验医学工作来获益。他的第一段经历是在一家当地医院担任初级实习生，他形容这是一次"表面的"实习。虽然他并没能了解太多关于成为医生的信息，但他从这次经历中看到了更广泛的益处："我的意思是，这很有趣，是的，你遇到了很多医生，了解了医院里的行话，也看到了医院工作是什么样的。"他计划花费更多的时间来参加更为深入的培训，担任"医院手术室里的类似助理的角色，用一半时间做清洁工作，用另一半时间做清洁以外的工作"。他知道这项工作不会很光鲜，但他对于这个学习机会感到乐观："所以，这挺好。我会学到很多。或许，现在来看，我认为这种工作价值不高，但如果你要成为一名医生，你总会需要去学习这些的，而现在做的这些只是表面层次的。如果你能做一些与你未来的职业生涯不太相同的事情，你将收益更多。"在这段经历之后，迈克开始担心自己未来可能共事的人：

> 某件对我产生了很大的负面影响的事情就是我在医疗领域做过很多工作。我接触过的医生们通常都非常冷漠、算计，其中大多数人在社交方面都非常不成熟。这真的让我很反感，而且我想我对这件事产生了逆反心理，非常强烈！事实上我会刻意去关注不愉快，总是去关注，发现了就耿耿于怀。我想，我的内心深处在说，"不，你不想成为一个苦工"，或者"你不想成为一个极度科学的人，因为你会就此失去一些你珍视的品质"。我想，我对此有些害怕。

迈克意识到了准备申请医学院时的拼杀文化是如何对自己的同龄人产生类似影响的："今年，我和许多医生一起工作过，参与过几个项目。我发现，许多我共事过的医生身上的一些性格，如今也开始出现在我的朋友们身上了，事实就是其中很多人似乎真的失去了对人性现实的感知，失去了温暖，或者说他们中的很多人完全失去个性了。在类似医学这样的领域，我不认为这样做是非常有效的。"当他最终决定想要攻读医学学位时，他感觉自己的眼界被打开了，看到了前方道路上自己将要遭遇的现实。他也知道自己想要避免什么样的情况，决心保持对人类关系的感知并在未来付诸实践。如果没有与在该领域工作的人的接触，他可能不会看到警示自己的案例，也可能不会睁开双眼开展自己的医学研究。

琳恩找到了一个暑期机会，以在实验室中获得经验并更好地了解医学研究的职业生涯会是什么样子的。她解释了这个计划的最大优势："我将在这里帮助一位教授进行研究，因此我会学到很多关于生化技术的知识。所以，这将是一个进入这个领域的好途径。"最终，这次经历帮助她确认了医学研究作为职业道路的正确性。一年之后，她回顾了自己的暑期经历，确认道："我想做的事情就是做研究，可以在大学，也可以在医学院，也可以授课。我差不多就想成为一名教授，有实验室与教学职责的那种教授。"这正是她在实验室中观察到的专业工作类型，因此她在前行之路上有了一个可以借鉴的榜样。

康纳也希望在日常生活中体验自己渴望的职业——摄影。这条道路与他考虑的其他道路相比更不明晰，能带来的经济稳定性的保证也更少。他担心生计问题，也想知道自己是否能获得满足感。他决定从大学离开一段时间，开始探索如果全职做这份工作会是什么样子的："我休学了一个学期，去为一位专业摄影师工作。从那以后，成为一名专业摄影师的想法就一直萦绕在我心中。"当他回到校园时，他坚信这个职业是一个正确的选择，不过他仍然需要检验自己才能的市场价值，以确认是否真的能靠之维持生计。他找到了一些门路，为大学剧院与歌剧公司拍摄专业照片。在这个过程中，他获得了肯定，这些公司的员工购买了他的照片，他因而证明了自己的才能是有市场价值的。他总结出了一个关键的经验："他们都认为拍摄彩色照片的想法很棒，都很喜欢。我拍了一卷胶片来观察他们的反映，而他们很喜欢那些照片。他们说，'拍我，多拍点'！所以，现在我拍得更多了，把照片都洗了出来，他们喜欢这些照片！"他收到了如此积极的反馈，所以开始明白自己可以通过摄影做有意义的事。康纳意识到人们愿意购买他的照片，同时他自己也很享受拍照的过程，这帮助他自信地得出结论："我决定了，这就是我真正想做的事情。我很期待成为一名专业摄影师。"尽管胶片与制作的费用，再加上他创作这些照片所需的时间，意味着他还没有挣到钱，但他仍然看到了花时间探索这项才能的益处："我现在还只能做到收支平衡，没法从中挣到任何钱，这是不幸的。我本想从中赚点钱的。但这仍然是一次很好的准备。因此，这是一段非常有价值的经历。"最终，休学期间为专业摄影师工作的经历与他返校后挖掘自己的摄影专长的经历结合在一起，帮助他自信地拥抱了这条道路。

即便雷蒙德大四已经决定要申请医学院，他对自己的职业选择仍残留些许疑虑。他想知道自己做医生是否真的会开心。为了让自己对这条道路感到更加确定，他想要了解这个领域中的生活会是什么样的："我想，对医生做的各种事情进行评估可能会很有意思。"他还想确保自己能在这个领域大展宏图，认识到"如果我要当医生，我必须在心理上做好准备"。为了获得这种明确性，雷蒙德选择于暑假期间在一家医疗诊所里担任医疗助理，以获取实际经验。他持续在这个环境中测试着自己的能力与兴趣："我会做一些事情，比如巡房、测量体温与血压。"他总结道："我觉得，如果我能够面对这些事情，也许我就可以面对成为医生时遭遇的任何事情。"

这份医疗工作不仅让雷蒙德觉得很有吸引力，还让他看到了做出重要贡献的机会。他受到自己课程作业中一个他很喜欢的课题的启发，选择了一个关注酗酒问题的实习项目。他描述了自己对于这个项目的赞赏："他们为流浪者服务，把流浪者带进门，提供药品，做检查，一般也会让他们戒酒，如果他们有真正的问题，就会帮他们转介给其他医疗机构。"某个观察结果令他感到困扰："情况挺糟的，因为人们会误以为所有的酗酒者都是流浪者，是啊。而且这些人中的大多数都还没能找到获得帮助的途径。"他很钦佩这些治疗酗酒者的工作，也在考虑自己怎样做才能在未来参与到有关这个问题的更大范围的讨论中。在这个过程中，他能够意识到自己对于成为医生越来越有激情，指出："我想我好像有点儿被他们的热情感染了。"他知道自己可以在这个领域找到满足感，因此不再质疑自己成为医生的选择。

安德鲁对追求新闻领域的职业很有兴趣，他通过为校报撰写文章来积累这个领域的经验，磨砺自己的技巧。对于自己获得的这个机会，他感到兴奋。在度过最初的一阵不安后，他发现自己能够进行考虑周到的采访。他解释说，同一名著名的中国问题专家进行的采访曾令他感到犹豫："对于坐下来向他提问，我是感到有点儿忧虑的，因为我算什么，问他问题？"他进一步解释说："很显然，他比我更有学识，但如果你要向他提出问题，你要试着问出明智的问题，而我不确定自己能不能做到。"最终，这次经历是积极的："我前去采访，进展相当顺利。"这件事帮助他建立了信心。第二年，他参加了一场有美国总统与日本首相出席的新闻发布会。虽然他并没有机会采访其中的任何一位，但能够在场就已经令他感到兴奋了，这也帮助他了解到进入这个领域可能获得的机会。安德鲁回顾了那个时刻，解释说："这真的挺了不起的，我手上还有我的白宫通行证呢，我留着做纪念。"这次经历有助于他想象这个领域的生活是什么样的，也帮助他下定决心克服自己的焦虑，继续培养自己的技能。

第三类窗口来自榜样角色。当学生在找寻关于职业选项的见解时，他们会密切关注自己能否在所选的领域内看到与自己类似的人。如果他们不能找到与自己有相似背景或经历的人，他们可能会对这个职业是否适合自己产生怀疑。安东尼是一个非裔美国学生，他最初考虑追求国际关系领域的职业，因为这看起来似乎是一个将他对社会正义与种族关系的兴趣结合起来的好方法。然而，一当他意识到这个领域主要由白人组成时，他就需要重新考虑了。这项发现引发了一些问题，即抛开兴趣不谈，这个职业是否适合他。此外，他也不确定自己能否在政府工作岗位中找到一席之地，这似乎是一个必要的条件："我开始质疑黑人是否应该选择进入国际关系领域，因为，在此刻，我就是没法想象自己为美国政府工作的情景，而且，说真的，那似乎是唯一的选择。"这些认识令他开始考虑其他职业选项。

在安东尼考虑成为律师后不久，他有了一次类似的经历。他解释说："有段时间，我对成为一名刑事律师热情高涨。现在我仍然想成为刑事律师，但我需要思考该做什么。"他看到了类似的种族壁垒，描述说："情况挺糟糕的。确实，这个领域人才稀缺。然而，如果你同因为案件来到法庭的人交谈，他们会说'没人会雇用黑人律师'这类的话。而现实就是，没有多少黑人律师，就算有，大部分黑人律师也并不是刑事律师。我想，他们中的大部分可能从事房地产或政治领域的诉讼吧，但没有多少人从事刑事法律工作。"他需要一扇窗口来了解在现实与感知上的障碍存在的情况下，非裔美国人将如何在刑事法律领域获得成功，这样他才能作出自己的选择。在做法院义工的整个暑假期间，他都在寻找这样的人。他总结道："去年整个暑假，整整三个月的时间，我只能坦诚地说我只遇到过两位经常出现在法院的黑人律师。"这个现实让他对于自己能否在这个行业中找到一席之地继续感到怀疑。不过，他并没有因为这些现实就放弃追求法律职业的计划，相反，他通过这些见解更加充分地做了准备。他知道自己需要克服这些障碍："通过了解我在法学院认识的这些人，我觉得当我进入这一领域时需要有一些个人方向感，而绝不是只有朦胧的感觉，这样我才能忍受在那个地方要面对的所有这些糟心事。"

朱迪丝同样因为无法在自己选择的领域，即学术界，看到类似的人——女性——而感到困扰。她为自己在校园里看到的女性教授凤毛麟角而感到担忧："现在让我感到烦恼的一件事就是，我可以看到这么多女性研究生，但却很难看到女性教授，这让我想知道未来的就业前景会是怎样的。"后来，她总结道："这很让人灰心。"虽然她一开始并没有寻求这扇"窗口"，也没有意识到需要直接听取这个领域中的其他女性的意见，但在一次午餐中，她偶遇了一群来自英语言文学专业的研究生，听到了与她抱有类似担忧的人们的声音："我只是同一些研究生聊了聊他们未来的打算，很多女性研究生似乎都对自己的就业前景感到非常不安。"这次邂逅加上她最初的担忧，让朱迪丝在思考自己的可能道路时产生了越来越多的怀疑。缺乏可以提供指导的女性指导者或榜样，意味着她无法找到一扇从女性教授身上获取经验的窗口，而只能与其他人分享这种担忧，她们也在担忧自己的未来或许会发生的事情。

琳恩希望在由男性主导的医学研究领域追求一份职业，因此她为如何融入并应对这个复杂的领域而感到担忧。她意识到需要找到女性榜样角色："我想，我总是在寻找女性教职工，但现在她们人数稀少，零星分散。不过，我见过的那些女性都知道如何应对这种情况。有几个人是我大概可以向之请教方向的。"她们的存在与帮助她的意愿令她感到安心。最终，到了选择医学院的时候，该院系中女性教师的存在对她的决定起到了关键作用。她解释，自己之所以选择这个项目就是因为自己在该院系遇到了女性榜样角色，她总结道："这里有一定数量的女性教职工，这让我感到很高兴。她们之中有一位女性副教授，我想也有两到三位女性助理教授，所以这非常好。"她找到了一个项目，在这个项目中，她能确保自己在探索中找到这类她之前发现对自己很有助益的指导者与榜样人物。

不幸的是，迪伦在考虑心理学这个选项时，无法找到能够帮助他了解这个职业的现实状况的人。这对他而言尤为重要，因为他正在两条职业之路间左右为难：一条是法律职业道路，这条路看起来更符合逻辑，也收到了他父亲的祝福；另一条是心理学职业道路，他觉得这条道路更有意思，但也更不明朗。最初，他联系了一些教授，但发现他们都太忙或太专注于自己的事务，无法帮助他厘清不同可能性，这令他感到沮丧："我理解教授们有很多事情需要操心。但那都是作为教授要操心的事情。他们只关心他们自己的研究。当你去找他们谈话时，他们会从自己的角度来看待你，看你如何能帮助他们？"由于无法通过教授找到窗口，他试图从一名博士生处寻求建议，但结果同样令人沮丧："我和研究生谈了，他们都很忙——都忙着攻读博士学位之类的。"他回想着自己挣扎着想要从其他人那里获得洞察的过程，总结说："我对这件事感到非常失望。我的意思是，现在，我处在这样一个位置，是有能力寻求教授与研究生的帮助的。我想我拥有足够的知识，能够与他们进行任何我希望进行的明智探讨，但我没法做到。"

这种沮丧最终转化为了他对自己职业道路的怀疑。由于没有人能帮助他了解心理学的职业之路对他来说会是什么样的，他越来越笃信自己应该转而选择"更安全"的法律职业：

是的，这很难，因为心理学领域并没有一条真正的路可供我走下去。何况我认为我在这个领域表现得挺好的。而且，我觉得当你理解某件事的时候，你就知道什么时候理解了它以及何时应该继续前进。因为当你真的理解某件事情的时候，你会用某种特定的眼光去看待这件事，因为你拥有了新的角度，它会激励你前进。这就是我认为我从心理学中获得的东西，因此我想要继续前进。但看起来障碍出现了，然后当我思考着究竟应该选择心理学还是选择法律的困惑时，我似乎走进了一条死胡同。看上去——"天平"似乎倾向了法律。

在试图作出这一重大人生决定的过程中，他感到非常孤独，渴望有人能够真正地帮助他考虑哪条道路对他来说会更有成就感。由于无法找到了解该领域的窗口，他开始放弃最初令他感到兴奋的职业。当学生逐渐缩小自己的兴趣范围并就追求某条职业道路作出决定时，这三种窗口为他们提供了无法仅依靠课堂获得的见解与经验。

指路明灯：为学生点亮道路的真正指导者

为了能够成功地从职业之路上启程，学生还需要有人来向他们展示该如何开启职业生涯。加里为了了解是否要从职业的角度追求音乐，寻求了自己的教授和其他人的意见，以了解入学音乐学院的严苛要求与体验。他描述说："我曾经考虑过新英格兰音乐学院，然后和我的老师以及其他专业音乐人士讨论过这件事，他们都对我说这对任何人来说都不是一个好主意，因为在找工作等方面太困难了。"他也寻求了额外的建议，回忆道："坦格尔伍德的室内乐总监告诉我，音乐学院唯一的好处就是管弦乐队稍微好一点。很多人都建议不要去。"他没有准备好完全放弃自己的音乐梦想，继续寻求关于这一选择的建议。"我想知道，如果我主要对演奏感兴趣，那么继续学习音乐是否对我有任何价值。我去找了自己熟识的一位音乐系教员聊了聊，他的答案是会有一定的价值。另一方面，他建议我先试一年，我决定照做。我也会在某种程度上继续学习数学，我可能会在大三转回来。我需要看看我这一年的感觉如何。"在这些指导的帮助下，他得以在积极地考虑自己未来职业可能性时保持对不同路径的开放，直到他作出将音乐仅仅作为爱好来追求的决定。

与加里类似，乔纳森也曾考虑将音乐作为一种职业来追求，但为音乐家的生活方式感到担心，他指出："作为演奏者，这真的是一种非常艰难的生活方式。"他从专业音乐人士处寻求建议，以了解从事这种工作的挑战，结果令人泄气。他回忆说："如果你问他们，问其中任何一个人，他们都会告诉你并建议你不要这样做。"在思考这个建议时，他描述了自己了解到的其中一些挑战："这件事在很大程度上取决于你有多幸运、认识谁，以及有时你愿意做得多卑劣。而且，这行其实并没有大量的工作可做。这只是成为音乐家的某个非常不愉快的方面。"在获得了这些建议及对于职业生活与有限机会的洞察后，乔纳森曾寻找一种替代方案，以一边继续在业余时间表演，一边得到另一份更稳定职业的保障。在描述其中一个可能性时，他提到了他的一位教授的生活方式："我知道，比如说，有位天文学系的教授是一位小提琴家，他会和其他专业人士聚在一起演奏室内乐。他们并不会一起进行专业的演奏，但他会和他们一起演奏。现在，他在'那方面'很优秀，还是这里的一位教授。这个例子让我觉得那是一种正确的方式。"乔纳森曾考虑过自己能否做到类似的事情："我不确定我是否像他一样聪明。但是，即便是更小的概率，我也能够看到这种可能性。"除却所需的才能与兴趣，对这种生活方式的了解帮助加里和乔纳森作出了不将音乐作为职业追求的明智决定。

虽然在这两个案例中，真正的、作为指路明灯的指导者关系使他们远离了这个领域，但他们都因为提前获得了这一知识而受益。加里认识到追求音乐所需的决心，并理解了自己并不具备这一点的事实。他评估了音乐家的生活方式，并得出结论，"只是在我看来，如果你能做其他事情，就最好做其他事情。"但在承认受到使命感的召唤时，他坦言："然而，如果它对你有不可抗拒的吸引力，以至于没有任何其他事情能让你感到快乐，那么就是另一个故事了。"他不是这样的人。认识到自己并没有被不可抗拒地吸引，也不愿意忍受它所带来的挑战，他才可能对自己放弃音乐的选择感到自信。

德博拉曾寻求指路明灯的指引，帮助她规划进入国际商务领域的职业道路。在确定了与外交事务相关的职业并不符合自己的生活方式目标后，她开始尝试国际商务。在辅导员的鼓励下，她开始考虑在国际商务领域寻求一份职业。"我和某人谈了谈，这个人对于国际商务热情高涨。我之前从未考虑过商务工作。事实上，涉及经济方面的任何想法都让我感到超乎想象地乏味。我的意思是，如果是与我自己的利益相关，我还可能对它感兴趣，但从事国际商务听起来就不怎么样。无论如何，我说，'好吧，或许他说的有点道理'。"这个想法足够有趣，让她想要了解如何进入商学院，但她还是继续在校园里寻找其他人的指引："因此，我前往了商学院，做了个洽谈，和他们聊了一会儿，我们谈论了我能做的所有可能的事情，以及被录取的可能性，这都挺好的。然而，谈论市场营销和金融之类的话题只会让我昏昏欲睡。"虽然她倾向于排除这个选项，但她继续寻找着他人的指引。她联系了两名商学院的学生，了解他们的经验，以确认这不是合适的选择。她描述说："我和一些学生聊了聊，有大一的，也有大二的。他们说这门专业在学术上并不多么具有挑战性。只是有大量的工作要做。我不知道。在更学术的院系待过后，我并不觉得我会喜欢转到有些枯燥、无休止的大量工作中去。这些，加上我将要学习的学科，有点让我承受不住。因此，我差不多说，'好吧，那不考虑了'。"得以通过他人的经验深入地了解某个职业的可能性，德博拉更加详细地理解了这个领域的优缺点。

对迪伦来说，当他追求进入法学院时，指导性的见解为他的申请之路提供了希望。然而，他发现，同自己认识的律师进行的交谈令他对进入法学院的可能性感到紧张。一场与执业律师的对话让他对申请过程尤其感到紧张："我不知道。我从来没有在标准化测试中表现出色过，而且这与我的口试成绩和 SAT 成绩挂钩，所以我并不感到震惊，但我猜法学院不会喜欢分数不够高的学生。"他总结道："我认为我在这个领域是合格的，尽管法学院的考试成绩不能表现这一点。"在听到很多人强调 LSAT 考试 * 的重要性后，他对自己成为律师的能力感到更加担忧了，并对似乎没有人能为他提供任何有用的建议而感到沮丧。

贝姬在确定了自己的职业目标后，努力寻找关于如何实现这个目标的指导。她自信地宣称："嗯，我想成为一名教授。我想去攻读博士学位，并成为英语言文学专业的教授，然后一边教书一边写作。"虽然她的自信并未动摇，但她意识到自己需要了解如何为研究生做准备与申请，她解

---

* Law School Admission Test，美国法学院入学考试。——译者注

释说"我需要多了解一些",并描述了自己是如何前去就业服务办公室"了解要求、资格以及其他一切"的。然而,即便如此,她还是遇到了障碍。就业服务办公室有一个可以支持她的计划,但需要她提交申请并符合获得一对一支持的要求。当她得知"他们有一个计划,你可以去找某个已经在你感兴趣的领域立足的人交流"时,她感到兴奋,但她也惊讶地发现"你需要有资格才能这样做"。当她被告知需要写一份简历并申请帮助时,她泄气了。虽然她计划在暑假完善自己的资料,试图被接受,但她想知道为什么自己不能直接同可以帮助她的人交谈,而不需要经过申请流程。到头来不被接受的可能性让她感到气馁,这种可能被拒绝的感觉会让她初步形成的自我认知受到特别大的破坏。似乎意识到了这种可能会产生的影响,她没有申请,也从未获得这个潜在的有用支持。

要确定职业道路是否适合自己,学生需要这种个性化的指导与内部信息。然而,这种类型的关系通常是通过社会资本获得的,学生可以通过这些网络获取信息。大学是发展这类社交网络的情境。真正的指导者与引导者能够帮助学生将自己的专业目标转换为职业。然而,在获取与这些真正的指导者与引导者的联系方面,不同的社会经济地位与种族民族背景下存在着巨大的不平等。学生渴望获得这样的建议与指导。在获得这种建议与指导后,他们更有可能作出明智的决策。然而,即使在大学这样拥有所有潜在信息来源的情境下,学生仍然会陷入困境。我们在迪伦身上看到了这一点,他向教授与研究生寻求指导,结果却发现他们要么太忙,要么手头有事,无法给予帮助。像德博拉这样的学生会四处奔走，积极寻求每一种可能的意见，比如向拉比、商学院工作人员、商学院学生以及自己家庭成员寻求意见。其他学生会抓住出现的任何可能的机会。事实上，弗兰克还向本项研究中采访他的辅导老师寻求了职业指导。他打断了访谈，问道："有件事我想请教您。在考虑职业时，我也想过做辅导工作或类似您现在在做的这类工作。并不一定要在这里，也许在高中或另一所大学，或者其他地方。对于您经历了什么才走到现在的位置，我很感兴趣。需要做什么准备工作？"这一刻凸显了学生对于获得指引的渴望之强烈。

放手才能把握未来的愿景

　　总体来说，学生学会了欣赏放下自己的目标并拥抱离开家乡进入大学所带来的机遇的价值。他们发现，在系统性地权衡与决定自己的职业道路之前，允许自己拥有一个广泛探索的阶段是有利的。一旦学生准备好缩小兴趣范围并作出对未来的决策，榜样角色与指导者的重要性就不容小觑了。能够获取我们所识别的三种关系类型的指导者的学生，可以更好地将他们的兴趣转化为有意义的职业。然而，他们还必须对自己获得的建议的有益性进行权衡。琳恩意识到，尽管她可以接触许多能够给予她建议的教授，但"每个人都有自己的偏见"。

　　拥有时间、资源与指引，能够增加年轻人发掘自己的潜力并选择一份能够为社会做出贡献且帮助他们实现自己目标感的职业的可能性。正如将在第六章中看到的，经过广泛的探索、汲取大量不同观点与经验后，要缩小范围并放弃一些选项以追求正确的道路，对学生来说仍是有困难的。然而，当学生在大学数年中面临挑战时，知晓自己努力的方向以及原因，有助于他们培养思维习惯。这些思维习惯能帮助他们继续作出这些选择，也能帮助他们作出确认自我认知的选择。在作出选择、克服障碍的过程中，他们可以借鉴这些过去的经验，用以指导决策过程的下一个阶段：当他们不得不开始关闭一些大门并对未来作出抉择时。

第六章

确认未来

学生在毕业后无论是直接进入职场还是首先追求专业化的研究生深造，在缩小选项范围并作出职业抉择方面的担忧都是被低估的。拥有广泛的事业可能性的前景既令人兴奋，又让人不知所措。虽然身处大学有可能激发对新的可能性的兴趣，但学生往往无法有效地评估这些选择并缩小范围以找到值得去做的职业道路。如此之多的潜在选择，加上对于成功的压力与期望，学生的决策因而显得更加重大（Iyangar and Lepper，2000），也使得学生感到更加猝不及防，更加焦虑。虽然大多数大学校园都设有就业服务办公室，但许多学生都发现它们过于笼统，难以提供帮助，并且不如他们所需的那样有所作用（Gallup，2016）。这样的情况让许多学生在自己的求学之旅的关键时刻感到迷茫、孤独且不知所措。

　　根据决策理论，拥有看似无限的选择或许会比拥有更加有限的选择更令人满意，但实际情况却与之相悖（Iyangar and Lepper，2000）。事实上，拥有广泛的选择——正如学生在大学中感到的那样——随之而来的是对于作出正确选择的更大的责任感与压力，这最终会导致更低的满意度（Iyangar and Lepper，2000）。伴随拥有如此之多的选择而来的潜在压力，混杂着许多中产与中上阶层学生感受到的成就压力（Luthar et al.，2013），以及其他学生追求阶层跃迁的压力。这种成功的压力或许早在初高中时期就开始了，彼时学生需要被迫参与"正确"的课外活动与高级课程。能够做任何事情、成为任何人所带来的重担与责任，以及成功的压力，加剧了学生所感受到的压力与困扰，以及他们对于作出"错误"决定的恐惧（Hofer and Moore，2010）。

若面对眼前众多吸引人的选项，却没有足够的时间或信息来仔细考虑它们，个人通常会推迟或延后决策，或选择完全放弃（Dhar，1997；Shafir et al.，1993）。学生第一次经历作出决策与关闭选项的压力通常发生在他们必须确认自己的主修专业的时候。他们所选择的主修专业为其职业道路划定了方向，因而关闭了许多其他可能性。由于拥有太多的可能性，学生无法有效地评估每个选项，因此只能不情不愿地关闭未经检视的选项，这有时会导致后悔、犹豫或频繁地更改专业的情况。正当学生开始掌握那些可以让他们开阔眼界并逐渐适应不确定性的思维习惯时，他们就被迫选择一个主修专业或进入一个专业化的预备课程。由于对自己了解不足，许多学生感到不安，对于选择和因此关闭某些选项感到无能为力，因而可能会在自己尚未做好准备的情况下关闭一些门。

关闭大门

在被各种可能性的兴奋感包围之中，学生们描述了在选择职业的过程中经历的混乱情绪，其中既有他们自己的，也有其朋友的。大二的时候，迪伦发现自己需要在无限多的可能性中作出选择，而他不知道自己要做什么，感觉被定住了："我无法考虑关于职业方面的事情，对我来说，试一试都不太可能。我不知道。当我开始思考职业的时候，我感到很困惑，不知道自己想要做什么，因为选择范围实在太广泛了。我真的无法具体说明自己想做这个还是那个。"他总结说："为什么要担心呢？看起来毫无意义。"从探索转向职业选择需要能在广泛机会中进行有效选择的工具与时间。如果没有良好的决策技巧，作出这个选择可能会让人感觉为时尚早，像是妥协为之，也像是浪费了大好机遇。浪费机遇的风险会让许多学生陷入举棋不定的境地。

雷蒙德在大二的时候推迟了这个不可避免的决定，总结说："我想我本应该开始思考自己毕业后想要做什么了。"他叹了口气，表示自己感觉既没有指引，也没有依靠。同样处于大二的安德鲁描述了选择专业带来的不断增长的压力与不确定感的折磨："最近，我在考虑自己毕业后想做什么。去年我一直在想这个问题，总之已经很长时间了。距离毕业越近，我就越来越每时每刻地思考这个问题。"因为对自己的职业选择不确定，他感到担忧，简单地总结道："我能弄清的就是我现在仍然不知道答案。"由于他尚不能对自己应该追求的方向感到自信，所以他感觉自己没有准备好放弃任何可能性，也对因为要在没有充分评估自己的选择的情况下作出这个重大抉择而备受煎熬。

因为拥有太多选择和被拔高的对于作出正确选择的责任感而感到举棋不定，这种情况与长期以来进行的决策研究（de Charms，1968；Deci and Ryan，1985；Schwartz，2000）相符。即使在对自己的职业选择感到自信时，学生仍然感觉到了自己的决定的分量与重要性，仍然对作出错误的决定感到担忧。安东尼对于自己申请法学院的选择感到自信："嗯，我想要去法学院，我一直都想去法学院。"然而，这个决定的分量与重要性让他感受到了肩上的担子，压力不断增长，对于法学院必须满足的期望也不断增长。他担心，如果法学院无法达到自己的期望会发生什么："如果我进入了法学院，却不喜欢，我几乎会崩溃的。因为我真的会说，'我该怎么办'？。我真的会。而且，我已经想过很多了。就这样把一生搭进去，认为那就是我想做的事情。然而，一旦我到了那里，如果我就那样发现自己做不来，或者不喜欢这件事之类的，我会彻底迷失。而且，到了那个节点，我甚至不知道自己还想做什么。我真的不知道。"害怕被错误的选择困住，害怕在没有足够信息的情况下作出选择，害怕放弃并关闭其他机会，这些都让他感到束手无策。

高年级学生在申请工作与研究生的过程中感受到了压力，他们的这些经验更加证实了也放大了年轻人感受到的、对于要将一切都弄清楚的压力。正如斯科特回忆说："我想，大三是压力最大的时候，因为你正要面临研究生的申请。"迪伦也有同感："我记得我在大二的时候和大四的学生聊了聊，他们告诉我大四是多么糟糕、多么艰苦，以及你会因为没有地方可去而需要填补巨大的空虚感。这就像，你会担心明年自己要去哪儿，而且你不知道将要发生什么，诸如此类的。"年长的同龄人的压力和担忧与学生自己的焦虑产生共鸣，预示着未来将面对的情况，并增加了必须把一切弄清楚的压力。社会竞争可能会非常激烈。甚至在作出选择后，不确定性应然存在。

雷蒙德回顾了自己的大四学年，总结道："这是风平浪静的一年，除了作出了申请医学院的决定，这大概是我做过的最重要的事情。"然而，这个决定并非没有带来焦虑。他描述说："从某个时候开始，我感到了一些恐慌，因为差不多还有一年多的时间我就要毕业了，我要做什么？我猜我只是必须在那个时间点作出决定。"作出这个决定并不容易。他回忆说："我是在第一学期快结束的时候开始感到有点焦虑的，因为我不确定我要做什么，或者我想做什么。"采访者"推"了他一把，暗示雷蒙德一直难以向自己承认他从始至终都想成为医学预科生，因为他大学一路上的选择都明确地指向了那条道路。雷蒙德认可了这一出乎意料的评价，总结说："我不确定。我真的在尝试发现自己想要做什么。我总是想要确认我想要做什么。"他对作出错误决定的恐惧几乎淹没了他似乎一直认为是正确职业选择的感知。

处于犹豫不决的状态并不仅仅是令人不适的。想要将一切都弄清楚，想要选出众多可能性中最喜欢的那个，这两种吸引力相结合，创造出了决策理论所预测的困境。事实上，那些拥有更多选择的人可能在起初时更幸福（Lyangar and Lepper，2000）。然而，从众多选择中进行决策的过程并不令人感到满足，会让人产生迅速决断、终止不确定性的愿望。因此，那些有着很多选择的人最终会更少地探索这些选择，用更少的信息作出自己的决定，并在作出选择的时候依赖他人（Schwartz，2000；Timmermans，1993）。必须弄清个人职业计划的压力，看到压力与犹豫不决带来的后果，似乎在扼杀大学探索的真正目标。加里对这种经历的影响做出了总结："你知道，当你想到自己必须作出所有这些决定，你就会开始恐慌。"他回想着自己感受到的不断增长的压力："我的感觉是，对于大学里的每个人来说，专业化这件事正在变得越来越令人窒息了，而且这种情况越来越严重了。"加里认为，专业化的压力早在大一之前就初露苗头了：

"学校里这种对专业化能力的关注正在被越推越早，几乎已经被提前到了高中和初中时期。"正如他所认定的那样，对于那些追求的主修专业属于专业预科的，或者需要竞争医学院、法学院以及其他研究生项目的学生来说，这种提前关闭选项的感觉尤为明显："我能理解为什么有些人会感到非常沮丧，他们不是特别喜欢自己正在做的事情。有很多事情需要去做，还要担心医学院之类的事情。"当一些学生因为对自己追求的领域并不热衷而抵制既定的职前专业路径时，他能捕捉到他们所感受到的犹豫不决的压力。

专业预科化的双刃剑

这种专业预科路径的诱惑与对其的回避产生了一种可被感知的紧张感。对许多学生来说，这些专业预科通往的职业之路是他们自身与其家庭长久以来的梦想（比如，成为医生或律师）。对另一些学生来说，在拥有过多选择的情况下，专业预科提供了一种令人满意的解决方案以及一个更加可预测的选项。这些道路具有保障稳定未来的可能性，学生自身、其家庭与其所在社区可以引以为豪。而对另外一部分学生来说，当他们试图点亮一条全新的道路，去做一些具有创新性与个性化的事情时，专业预科要么成为一个陷阱，要么成为预备计划。对于那些尚未能够明确如何将自己的兴趣转化为职业的学生，以及那些对于弄清这个问题的答案倍感压力的学生，专业预科的安全之网显得非常重要。虽然追寻相较而言不那么明晰的道路似乎更有风险，但开辟一条属于自己的道路的优势是具有诱惑力的，且能够肯定学生的独特感。

德博拉描述了来自专业预科主修项目的诱惑与压力。她想要在自己作出决定之前进行探索，她表示："很多来到这里的人都被告知当医生挺好的，但他们从来都没有时间停下来思考，'我真的想要做这件事吗？'。他们只是认为你要去商学院、法学院、医学院或者其他还没有这么出名的学院。但我认为灵活性是对人有益的。如果不去参与一些结构化的项目，在那里他们至少能够坐下来说，'我想要选什么？'，而不是'这个院系将迫使我去做什么？'。"她认识到了探索的价值，并拥抱了这种不确定性，将其作为规划课程的一部分。

贝姬对一条在她看来是通往专业预科项目的"默认"路径表达了反对。鉴于她的兄弟、男友与朋友全部都在攻读商学或法学学位，她曾意识到这些或许是通往稳定未来的一条"更简单的"路线，她甚至考虑过自己是否应该放弃写作的职业目标，以追求她自己的专业预科目标。最终，她决定不那么做，并说她担心这样一来自己会变成"一个只能当律师的律师，因为除此之外别无选择"。贝姬对自己所见的同龄人的选择表示了批判，这例证了一种大学中常见的压力："我的一些朋友，在我看来，有时候他们似乎是默认要成为律师的。我认识的一些女孩并没有特别想做的事情，她们就觉得或许律师会是一个有意思的职业，然而这并不是什么她们认真决定想要投身于此的东西。"她并不想仅仅因为某个职业能够提供阻力最小的路径就陷入进去。有了这样的认识，她重新下定决心追求自己热爱的写作事业。

有些学生以更加坚决的态度拒绝了专业预科的路径，因为他们认为这些路径竞争激烈且可能具有限制性。马克斯描述称，大学中走医学预科路径的学生已经显现出了越来越有竞争性的迹象，他认为这种方式是有问题的。他描述了自己正在上的一门化学课程："一大堆医学预科生都在上这门课，他们像是要彼此拼杀似的，只是为了进入医学院。"这种剧烈的竞争并没有带来更高水平的学习，反而加剧了那些试图在高知名度研究生项目中占取有限名额的学生的焦虑感。

最初，琳恩很难接受自己对医学的兴趣，因为从传统上来说它是一个已被定性的学科。她回忆说："我只是从来没有真正想过成为一名医生，当我来到这里的时候，我只知道我对自然科学感兴趣。我周围很多人都是医学预科生，这真的是一个非常有趣的现象，但我从来没有真正地想要被卷入其中。"她最终决定进入医学院，但在这个过程中为自己开辟出了一条新的路径。当她发现自己可以追求医学研究方面的职业时，她就知道自己找到了理想的折中方案。这种类型的工作让她得以同传统医学以及她在同学身上看到的那种压力拉开一段距离，同时仍然扎根于某一领域，并从事她认为重要的工作。这是一个完美的组合，让她得以在保持自我意识的情况下追求自己的学术兴趣。

克雷格解释了在选择职业道路时的压力，以及为何将专业预科作为安全计划或后备计划的诱惑对于被使命召唤到这个领域的人来说是有问题的。他解释说："你有没有听说，现在进入法学院的人数和律师的人数已经一样多了？这就能向你展示这个职业道路膨胀得有多么迅速。所有源于此的压力，将一路传导回大学里来。这就有点局促了，对于那些想要成为律师的人来说，就有点受限制了。而且，不幸的是，同样的事情也会在医学专业上发生。这让我很难过。"这一评论凸显了一个不确定的就业市场中的压力是如何导致学生默认选择更加具有确定性的专业预科路径的。克雷格将这些人做了区分：那些出于使命感想要成为律师的人，那些因为其他原因追求这一道路的人，更重要的是那些默认选择了这个专业的人。他相信，后面两类人给那些出于使命感追求这条道路的人造成了更大的困难。这种反思说明了学生为职业与专业的角色创造了高标准：它必须实现人生目标感与使命感。任何低于这个标准的选择都会被视为妥协。

在压力之下，学生必须就专业路径作出决断，并关上广泛探索的大门。从理想化的可能性出发，他们要在自己的兴趣与实现目标的可行性之间做出权衡，做出调整和权衡取舍。这样的结果是，在面对挑战时，他们会将自己的精力从拓宽自我转移至专业发展与持之以恒上。

在寻找折中方案时保持真我

不愿关闭任何选项的学生会寻求折中方案，以此保持多条路径的开放，迪伦这样解释：

> 在今年的某段时间里，我曾考虑攻读心理学研究生，因为我对它非常感兴趣。从去年一整年到今年，我对荣格心理学进行了独立研究。我对此非常投入，也了解了

很多。然而，在我心中这似乎没有出路，因为我不知道要从哪里入手，我又能用它做什么。我猜，它似乎过于含糊了，与我的日常生活没有关系。所以，我不知道。这是我脑海中的一场拉锯战：是就此放弃，还是继续前行？我正试图做到兼顾二者。我正在努力写出一篇关于心理学的论文，这样我就能继续以某种方式研究它。我将写一篇关于心理学的论文，这样就不至于这么半途而废。但是，此时此刻，我似乎正在离它远去。

通过在心理学与法律道路之间寻找一种折中方案，他找到了一种选择，以暂时让两扇门都保持开启。这样做究竟是为更好地整合不同兴趣提供了时间，还是在拖延不可避免的决定，尚无法判断。

在第一学年结束时，卡尔决定要找到一种方法来"结合心理学与对文化的兴趣"。他的计划是"选修几门人文课程，选择大量的心理学课程，然后最后总结出点什么来"。构思这种混合路径能帮助他考虑未来的替代路线，并让他能够自由地追求自己的学术兴趣。卡尔对这种双重追求心满意足，他将大部分的精力都投入到了该追求何种心理学分支的问题上了。他描述了一场"与自己内心的辩论"，即他要在该领域选择学术路线还是临床路线。他说："在理想的情况下，我希望能够进行一种混合。"因为他并不太喜欢学术心理学中统计的部分。他还总结说："我觉得要对别人进行心理辅导也会让我感到困扰。"然而，他意识到，随着他的年龄增长以及"获得了更强的稳定性"，这种情况可能会发生改变，甚至会变成"一件好事"。尽管卡尔感觉自己必定要选择一条路，但他还是指出："这是个足够宽广的领域，所以我不必对自己设限。"卡尔相信，他持续的探索将帮助他及时找到正确的道路。

计划进入医学院的学生必须比自己的同学更早地关闭探索之门，以完成紧锣密鼓的医学预科课程。这意味着他们在继续前进之前只有更少的时间检验自己的决定。迈克在自己大一结束时就不得不定下医学预科，这样他才能在毕业之前完成所有课程。他被医生拥有的同理心吸引，但他怀疑自己对科学的喜爱是否足以支撑他追求医学预科专业："我有一种感觉，我可以成为医生，仅仅是基于我对照顾他人的热情。全科医师可以照顾他人，而很多医生都不这么做。但是，如果我只是关心他人，却对科学以及作为科学的医学本身没有足够的热爱，我并不觉得我会成为一位很好的医生，我也并不认为我应该成为医生。你知道，我花了很长时间才想明白这一点，真的花了很长时间。所以，现在摆在我面前的目标就是弄清楚我是否可以学会喜爱科学。"他用应该热爱自己所选择的事物的期待来鼓励自己，指出："我会说，'迈克，如果你要成为一名医生，你就要试一试学习科学，然后决定自己喜不喜欢它。如果你不喜欢它，你最好放弃'。所以，这是一个漫长的过程。"最后，他选择了不同领域的课程来尽可能地完成他的 STEM 课程，每个学期选一门选修课，直到大四。在这个探索与自我反思的过程中，他成功实现了自己的目标："我在这里对科学产生了更多的热爱。我曾经真的厌恶科学。但是，我现在觉得挺棒的！"他可以坚定地迎接前方的道路，既确信这是正确的选择，又因为找到了对科学真正的热情而重新振作起来。

努力维持两个学科的紧凑学习任务的挑战最终令乔纳森感到疲惫不堪，他陷入了一个十字路口："事实证明，在这里作为一名英语言文学专业的学生去选修医学预科课程，是一项艰巨的工作。"他总结说，"我仍然认为我会喜欢做一名医生的"，并拥抱了那条路，不过他找到了一种让他可以继续坚持自己越来越热衷的人文学科的折中方案。由于充分地探索了各种可能性，他得以找到一种创造性的方法来融合这两种兴趣：

> 我曾经试图决定是否应该放弃英语言文学专业转而进入生物专业，因为我发现这两者的结合有些令人沮丧。我曾觉得我想要学习的东西太多了，因此哪一门课都没真正学好。然而实际上，这只是因为当时有几门课令我十分头疼。因此，我只是在英语言文学专业的学习中感到沮丧而已。但是，在度过了那段困难期后，我心中一直有个或许应该去学生物的念头。我对生物有一点小小的兴趣，但我更喜欢英语言文学。所以，我把整件事重新考虑了一遍。嗯，我对精神病学很感兴趣。所以，我把医学和英语言文学结合在了一起，尤其对后者的性格研究很有兴趣。我还是非常热爱医学预科的。

随着时间的推移，加上对于同时追求两条道路的坚持，乔纳森终于发现精神病学是理想的折中方案，也是自己双重兴趣的结合。他解释说："历史背景会塑造人们写作的观点与风格，我对心理学或精神病学之类的学科很感兴趣。因此，我觉得文学是了解性格的一种很好的方式。"他不愿放弃任何一个兴趣，这最终带来了一种折中方案，让他得以将两种兴趣融合成一个更有意义的职业。

在自己真正的兴趣与奖学金要求之间权衡取舍时，张伟就没有这么成功了，这甚至发生在他来到大学之前。不过，他始终对自己保持真诚。奖学金要求他学习工程学。然而，这并不是他想要学的专业。为了化解这个僵局，他拒绝了进入一所"更好的"工科类大学的机会，转而进入了一所同时也很重视文科的学校。这样一来，他就能够满足奖学金资助协议的要求，同时还能够探索课表中的各种课程。他承认这个权衡取舍最终被证明是值得的："如果没有奖学金，来这里上学对我来说是很难的，因为花费非常昂贵。所以，说真的，能够免费来到这里是一个附加的好处。"值得注意的是，他在选择未来的方向上没有那么多自由，他解释了这一选择的高昂代价："不过，我能来到这里并不是真的没有代价的，我可能需要为政府工作 14 年。"就学生自主兴趣应当在职业选择中扮演何种角色方面，张伟也有需要跨越的文化差异。张伟的职业道路在很大程度上已经被决定好了，但他也想要体验一下在规划自己的道路时的自主权。如贝姬、康纳、雷蒙德和张伟这样的学生，都在根据自己对计划的可行性、风险大小、成功所需的努力以及职业要求的生活方式的分析，缩小自己的目标范围，进行取舍。最终，这是源自对自我与目标感的探索与发展的一个迭代过程。想要毫无拘束地追求个人的目的，几乎是不可能的。

我能自力更生吗？

在机会带来的愿景与追随个人兴趣的诉求下，学生们发现自己无法再搁置关于经济回报的讨论，必须确定赚钱的重要性。他们必须确认自己是否可以在追求兴趣的同时自力更生，并确认所赚的金钱需要超出自给自足多少才算得上成功。当他们具体思考大学毕业后的生活以及自己的理想如何才能转化为谋生的手段时，这种实际性的担心就被重新引入他们的考量中。对于某些学生来说，这就相当于出现了一个十字路口：追求一份有意义但并不有利可图的职业，为了追求个人兴趣而踏上未知道路的财务风险，以及专业预科主修带来的所谓的经济安全。

朱迪丝和梅里尔都描述了在渴望成为教育工作者的过程中经历的阻力，因为这个领域通常被认为薪资不高。然而，追求教育工作有利于她们实现自己的渴望，即对社会做出有意义的贡献。她们感觉左右为难，在应当优先考虑哪种结果这一问题上接收到了矛盾的信息。朱迪丝评论说："我和人们聊了很多，她们告诉我，好吧，钱才是重要的。"她对此并不认同，决定攻读英语言文学研究生。她指出："我总是能得出同一个结论，那就是专注于金钱并不能让人感到满足。"朱迪丝想要专注于自己的目标感，将财务方面的决定放在第二位。梅里尔有着类似的经历，她最终也决定坚持自己的道路：

> 我认为，我的家人，至少家庭中的某些成员，会更希望我从事商科、法律之类的行业，这些行业能带来更多的经济回报。然而，我越是思考这个问题，就越是觉得教育或许才是我真正想要做的事情，至少在我人生中的此时此刻是这样的。而且现在我作出了这个决定，或者说自作出这个决定以来，我对这个想法感觉越来越适应了，也越来越满意了——我的意思是，我会带着开放

的心态去做这件事。

即使要求她们基于经济回报来追求成功的家庭压力不断增大，她们也有信心坚守自己的使命。

并不是所有的学生都像朱迪丝和梅里尔这样有信心选择一个在财务上不太有保障的职业。例如，康纳想要成为一名职业摄影师的决定在财务上是有风险的。即便已经确认人们愿意购买他的照片，他能够通过做自己喜爱的事情来挣钱，他也仍然对于单靠摄影来维持生计感到不确定。他没有选择去艺术学院或支付额外的培训费用，而是选择接受海军培训，因为这样他就可以在获取工资的同时接受在职培训。他解释说，在作出成为一名摄影师的决定后，他经过了一番思考，了解了未来自己可能面对的经济不稳定的状况：

> 因此，这意味着我必须筹集一些资金，而且我一直都觉得去海军会是一件有意思的事情，所以我决定在海军中获得一份委任，并进入某个高技术领域，希望如此。而且，我认为他们会让我参与航空方面的工作。我是这么希望的，我会将航空作为我的第一志愿，因为摄影并不是一位海军军官可以真正参与其中的事情。但是，因为某些原因，摄影与公共关系工作都是航空的一个分支。所以，我希望通过加入那个工作组，让自己顺利就位，我会首先表达对摄影的喜爱，然后慢慢靠近那个目标。因此，我将进行与航空器有关的培训，我一直对这方面挺感兴趣的，然后我再开始学习摄影。我的薪水也会相当不错。总的来说，这里的薪水只略低于一份起薪不错

的工作。

这条道路还为他提供了完成任务后获得额外培训的可能性。康纳解释说："我期望《退伍军人权利法案》能够支付我进入商业艺术学院的费用。我正在考虑的一所学校的费用，我确信和上一年大学的费用一样昂贵。"这个创造性的解决方案能够让他在不增加财务风险的情况下追求自己的目标，这样一来他就会在争取未来的成功时处于有利位置。做出折中、缩小目标以及确认其财务可行性，都是开辟前进道路的一部分。然而，除了决策中这些固有的方面外，学生还要调用自己的内在力量与思维习惯，以在挑战中坚持下去。

四次挫折障碍，四条前进之路

即使拥有最佳计划，选择了正确的专业，并做出了似乎能够带来正确的挑战、动力与目的的关于职业道路的权衡取舍，学生的计划也有崩溃的时候。由此产生的挑战需要学生坚持下去，或作出是否要改变方向的决定。在这个过程中，学生将经历遗憾和对自己选择的二次怀疑，并且因为自己的计划发生了变动或变得面目全非而感到失落。在所有这些情况下，他们必须决定前进的道路。

挫折与障碍能够展现学生的性格力量，促使他们成长与成熟，还能令其更加专注于寻找目标感与职业的整合方案。根据希望理论（Hope Theory），希望并不是一种情感，而是一种动机，是让学生坚持下去并克服挑战的基本机制（Felman et al.，2009；Hansen et al.，2015；Snyder et al.，2008）。希望水平较高的学生会制定经过深思熟虑的目标，并获得实现这些目标的动机与计划（Snyder，2008）。此外，他们有毅力制定多种解决方案，以实现自己的目标，或在事情脱离轨道的时候对目标进行重新调整。希望的性格特质可能是学生在挫折情境中能够保持对目标的决心与坚守的关键原因（Felman et al.，2009；Rand，2009）。希望是一种持久的导向，是一组对于个人制定计划达成目标的能力的信念，也是追求这些目标的动力（Snyder，2002）。更具体地说，希望包括能够设定目标并制定实现目标的计划的能力，具有制定多种达成目标的途径的认知灵活性，能够识别、获取资源，以及具备追求个人目标的意图与动机（Hansen et al.，2015；Snyder，1995，2002）。

在某些情况下，挫折与障碍有可能带来具有意义的成长，或者成为重要转折点的推动力。当迈克应对困难处境时，他回想起自己在大学之前从未有过"跌倒"并从中受益的经历，反思道："我之前从未遇到过任何挫折，而且总是能够获得很多正向反馈。我参加过很多活动，也总能取得成功的结果。而当来到大学时，你似乎需要面对非常努力地去做，但却不会获得成功的结果。也许我曾经从未被迫面对过失败，所以这是一个我需要克服的巨大障碍。我想，这个问题中最重要的部分是学会如何应对这些困难。"因此，在大学相对安全的环境中应对这些障碍，让他培养了这一重要的生活技能。不过，他可以通过借鉴之前的经验以及相信自己可以克服任何障碍的信念来做到这一点。对许多学生来说，当他们拥有来自他人的支持时，他们可以利用这些具有挑战性的时刻来了解自己，并规划出一条更为明确的未来航线。

将意外转化为机遇的能力，需要好奇心、毅力、灵活性、乐观主义与冒险的意愿（Ahn et al.，2014；Kromboltz，Foley et al.，

2013；Yang et al.，2017）。有计划性的随机应变的能力，比如这些技能，是能够让年轻人在意外情况下抢占先机并将其转变为机遇的思维习惯，这些机遇能明确并定义他们的目标感（Ahn et al.，2014；Krumboltz et al.，2013；Krumboltz，2009）。对这些特质进行学习与锻炼，学生将终生受益。

本项研究中，有四位学生遇到了重大的转折点或改变命运的挫折，其职业道路的方向发生了改变。希望理论的原则、满怀希望的性格以及他们有计划性的随机应变的技能，有助于解释他们对这些经历的反应。其中一位学生，卡尔，是一位在前文中被重点描述过的焦点学生。其他几位学生——朱迪丝、安东尼和迪伦——其言论也曾有所提及，但前文并未将重点放在他们本人身上。这里，我们将详细介绍他们每个人的经历，而不再是以插叙的形式呈现。每个学生的经历都是独特的，事实上，这些学生在独自应对这些挑战的时候都感到了孤独。不过，从他们的故事中可以吸取一些重要的教训，而且他们的经历比他们意识到的更为常见。

这些经历使得他们开始质疑自己与自己的目标。虽然他们所面对的情况本会让他们脱离轨道，但最终，应对这些挑战让他们得以深入思考与利用对于自身的正面观感，锻炼效能感，更依赖希望感。他们学会了克服障碍并从经验中创造出会在将来有益于自身的思维习惯。这些故事展现了大学经历中一些最具有挑战性的时刻可能带来的益处。

卡尔：面对特权，希望以之行善

卡尔开始了讲述："在我身上发生的最重大的事件就是获得了一

份可以前往爱尔兰的资助，这件事改变了我的整个目标。"他在爱尔兰的经历是具有变革性的，改变了他对人生的看法，放大了他的优越感，并激发了他想要回馈社会的愿望。生活在另一个国家可以让被学生长久以来视作理所当然的事务凸显出来，这就像来到大学会令学生得以对自己长久以来持有的来自家庭的期待进行识别和反思一样。卡尔总结说："这只是因为你对自己国家的思维是固化的，而当你在其他国家看见同样的事情的时候，你的思维更开放，因此能看得更清楚。"

有关公民参与度的研究表明，青少年与成年早期是年轻人接触社会问题的时期，这种接触会对他们的思想造成影响（Metz et al., 2003；Wray-Lake et al., 2017；Yates and Youniss, 1998）。与这份研究一致的是，卡尔看到了贫穷与需求，这是他在美国视而不见的。这种认识是如此强烈，以至于改变了他的观点。正如他解释的那样："爱尔兰在某种程度上不够发达，非常贫穷。"而近距离见证这种穷困以一种深刻且令人意外的方式影响了他。他回忆说："在那里，你会看见人们为了食物大打出手，这类事情时有发生。"由于被唤醒了对自己优越感事实的认知，在离开爱尔兰后，他得以以新的眼光来看待自己在家乡的生活。他回忆道："我回到这里，降落在波士顿，直接来到校园里，这一路真是一场思想之旅。"认知觉醒的时刻发生在他进入校园书店之时，这是他曾经似乎已经做过无数次的事情。然而，这一次，对比使得他顿悟："我做的第一件事情就是走进书店。在那里，我发现了一本关于性别与性取向的书籍，作者是一位著名的女性主义者。我就在想，'我过得如此奢侈，能够思考这类事情'。而其他人却身处苦难之中。"由于卡尔是一名喜欢思考不同思想和探讨心理学与哲学的学生，这曾经是会激发他求知欲的那一类话题。相比之下，他睁开眼看见的人类基本需求都得不到满足的情况，最终改变了他对这些曾经熟悉的事物的看法，导致他开始质疑曾经理所当然的观察结果。

在前往爱尔兰度过那个学期之前，卡尔对自己享受的特权程度毫不知情，而正是这种优越让他得以追求自己感兴趣的知识。能够来上大学，并能够去思考一个和曾经的高中同学不一样的未来，他感到很幸运。然而，对于在更广阔的世界上，其他人的生活可能有多么不同，他并不能够完全理解。当他将这一点与自己在国外看到的人们为了基本需求而做的挣扎进行对比后，他意识到，对他来说，在人生中做些更有意义的事情是多么重要。他这样解释这种转变："我原本打算攻读心理学研究生，然后成为一名学者，然而当我从爱尔兰回来后，我发现我根本无法让自己去申请研究生。"原本的目标在现在的他看来十分自我且毫无意义，这让他感到无能为力。

最终，卡尔得出了结论：他想要利用自己的才能与地位去改善他人的生活。他说："我决定不再让自己脱离社会，不再只为上层建筑来做研究，不再让自己处于如此危险的位置，也不再受限于我能去哪、拥有什么技能。"他对这一认识的解决方案是找到一条更切实的专业道路，一个能让他感觉自己真的能够为社会做出贡献的专业。他得出结论，即医学是正确的道路，并决心在美国的贫困地区行医，从阿巴拉契亚开始，他知道那里急需医疗服务。由于出身于乡村社区，与他家乡类似的地方吸引着他，令他想要做出回馈，而阿巴拉契亚似乎是他可以产生最大影响的地方。有了时间与空间去化解目睹如此严峻的贫困带来的影响，使他得以开辟一条新的、可能更为充实的职业道路。

虽然卡尔感觉这是正确的事情，但这一决定仍然伴随着一种失落感。他对心理学这个原本专业的兴趣是深刻而内化的，他为准备攻读研究生与投身学术研究投入了时间，想到这些，他感到遗憾："我原本真的可以进入一所好的研究生院。我已经做了研究以及其他事情。"然而，在爱尔兰的经历结束之后他无法再继续原来的方向。卡尔在得出结论认为医学是可以有所作为的正确职业道路后，他描述了自己在校园里的优先事项发生了怎样的改变："所以，从逻辑上来说，我要做的是开始学习医学预科的东西。所以，在这一年，我牺牲了我的学术生涯，只学了医学预科的东西。这基本上就是在我身上发生的事情了。所以，现在我要在暑假去上医学预科课程，并申请医学院。"这么晚才作出这个决定，意味着他不得不弥补自己错过的医学预科课程，这意味着他既失去了在心理学方面做了大量准备的优势，也有必要加倍努力以为进入新的领域做好准备。

在意识到自己职业道路的转变并不一定就意味着远离自己的知识追求后，卡尔感到了些许安慰，他总结道："我想，没有法律规定说有了博士学位我才能进行思考，这是当然的。"他在半路上做出了如此剧烈的改变，为了让自己正在经历的认知失调合理化，他告诉自己，科学和医学原本就是自己一直以来应该关注的领域。他回忆道：

　　　　这也是一种回归，因为我在高中时就像个科学家，这也是我来到这里的原因。而我那时候几乎对所有科学方面的学科都是排斥的，因为它在当时看来太无关紧要了，你知道，我来到这里的时候，这里的政治活动很活跃。所以我也是这么做的，我之前将社会科学作为主修专业，而现在，我很高兴能够再次学习科学，因为我可以做到，而且这也是我非常善于分析的思维的一部分。
所以，我只是在承认我是个善于分析的人。

对自己的新计划，卡尔表示有信心，但他也意识到"还是存在自我怀疑"。最终，他意识到了这种剧烈的转变，简洁地总结说："所以，这是一个巨大的变化。"

卡尔的希望主义倾向，包括自信心、自主权与对于自己能够发现问题并有所作为的期望，让他能够允许意外经历对自己的未来计划做出全然的改变。他与社会问题的接触对他的价值观、信念与目标产生了深远的影响，这同先前的理论是一致的（Metzger and Smetana，2010）。由于这种经历发生在一个可塑造的发展期，这样的价值观与信念可以被融入个人的职业与生活方式中去，因而他能够纠正方向。卡尔坚韧且灵活，这使得他相信在大学生涯临近结束的时候改变职业计划是可行的。这种经历，再加上具备时间与机会来探索及为另一种职业做准备，进一步地巩固了他的这些特质。

朱迪丝：被击倒，但决心从中学习

当朱迪丝完成自己大四英语言文学专业论文时，她被指控剽窃。这项指控既是对她学术专业的质疑，也是对她职业生涯的质疑。朱迪丝以往在追求与实现目标方面的成功赋予了她强烈的希望感和期待，这正是她在这个令人震惊的现实重击下需要的东西：

> 我一直认为自己是一个特别幸运的人，因为我一路都是比较顺遂的。在我第一次来到这儿时，我也被我申

请的其他院校接受了。我似乎总会被有招生限额的课程接受，总会取得好成绩，一切都很顺利。甚至在申请研究生院时，我被几所院校拒绝了，但我申请的大多数学校都接受了我。在那么多人的事情都会出错的情况下，我总是一切都很顺利。

这次被指控剽窃是她第一次真正地遭遇学术方面的障碍，且这次障碍有可能让她脱离轨道。这本可能结束她的大学学业，破坏她追求英语言文学研究生学位的机会。

最初，朱迪丝对剽窃的指控感到震惊，不认为自己有任何过错。虽然她承认自己对论文中一些资料的引用并不妥当，但她坚持认为这是无心之举，且在某种程度上是无法避免的。因此，她最初的反应是愤怒且无助的。她感觉这种情形是不公平的，解释道："我仍然感觉自己因为这个小错误而受到了非常严重的惩罚，对于这个错误我不应该被期待能做得比现在更好。所以，对我来说，我很难感觉所发生的事情是公正的。"她感到无助，并指出："此时此刻我对此无能为力。"但她也意识到什么都不做并不是一个选择。她身具高希望水平的人的特性，拥有强大的生成替代路径达成目标及寻求解决方案的能力；她对于自己能够克服这种情况的期望支撑了采取这种行动的意愿（*cf.* Snyder，2002）。她拥有强大的效能感与为自己辩护的能力。

此外，朱迪丝也依靠着自己的分析技能与从过去的经历中学习的意愿，回顾了自己的教育经历，开始理解为什么会发生剽窃事件。她发现了自己知识上的不足，这很可能是导致引用错误的根源，她解释说："今天午餐时，我和一些同学聊了聊语法，我谈到了一些规则，但他们从未听说过，也根本不知道这些规则的存在。他们认为一个英语言文学专业的学生，尤其还是大四的学生，应该能够承认自己的语法掌握得不够好。"在那场访谈结束时，她总结道："我逐渐意识到自己有很多没有掌握好的内容，而我本应掌握好这些的。"与希望理论一致，通过辨别问题所在，她得以开诚布公地谈论问题出在哪里，反思问题出现的原因，并制定计划防止问题在未来重演。

尽管她相信这个指控是一场误会，但事关剽窃的指控是可能摧毁她的职业生涯的。朱迪丝已经申请了英语言文学专业研究生，也收到了录取通知书。她意识到，自己必须将现在的情况告知研究生院，甚至要在学校的纪律委员会得出结论前通知他们。剽窃指控有可能让这些机会毁于一旦。她回忆说："我已经申请了英语言文学专业的研究生，而现在发生了这样的事情，整个计划都会受到一定损害。"她进一步解释道："我感觉我有义务写信给我决定前往的研究生院，向他们交代清楚这个情况。"她为后果感到担忧，但仍然怀有信心，并指出："我被很多研究生院接受了，也决定好了要去哪一所，但现在发生了这种事情，虽然我不认为他们会拒绝我，但知道发生了什么可能会让他们对我产生偏见。因此，我需要非常谨慎地选择告诉他们这件事情的方式。"她必须去相信分享真相与解释所发生的事情并不会导致她的录取通知书被撤回，尽管这样的结局可能被认为是合理的。她坚持认为，即使他们撤销了录取通知书，她也可以找到另一种办法。不过，研究生院并没有撤销对她的录取，她被给予了第二次机会。

最终，朱迪丝获得了在专业院系内解除指控并予以毕业的机会。她解释说："我必须重新撰写我的论文以获得学分。他们不会就这样给我学分，而是需要我重写——这就是我现在要面对的问题，它并不是完全愉快的。"可以理解，尽管这个前景令她感到害怕，这种情况也令她沮丧，但这件事并没有以学术惩罚或者毕业受阻作为结尾。由于这次事件发生在学校中，大学拥有很大的自主权去提供第二次机会，甚至将其作为一次供学生学习的时机，而她也决心从中吸取教训。身处小型院校中，并受益于个人关注度，是她得以享受的一个在其他地方享受不了的奢侈品。事实上，如果是在一个较大的机构内，她与老师建立的个人关系可能较少，或者有较少的机会被他们认识，这件事的结果可能渺然无望。

在被指控与重新撰写论文时，朱迪丝还是从这次经历中有所收获，并将其视为一个学习机会。她总结说："我很高兴知道了正确的写论文的方式。"此外，她还学会了如何应对挫折，这些经历塑造了她前进的道路。她没有被自己选择的领域拒之门外，也没有被排除在后续的培训之外，相反，她变得更加坚定了：

　　　　我感觉，从某些方面来说，我现在算是有了一个短期任务，这是我真的很想做的事情的一部分。等我去了研究生院，我想在一门说明文写作课程中获得一个助教职位，在这门课中我将真正地教给学生他们需要知道的东西。在以一种不太愉快的方式得到这个教训后，我希望别人不必再有同样的经历。而且，我认为这是很有价值的事情。我相信自己可以做到这件事，而且不是将其当作必须讲的无聊事项。我一直在回想自己曾经的各位老师，特别是那些真正优秀的老师，尤其是我高中乃至小学时的老师，那些最让我想要去学习的老师，并回想他们用过的教学技巧。我相信，无论他们教的是什么学科，无论他们是教分数还是拼写，其中一些老师拥有让教学内容变得更有趣的主意，我想这些可以被用在说明文写作课上。

尽管朱迪丝遭遇了挫折，但她依然感觉到了一种效能感与自主权去克服障碍，并通过确保其他学生能够做更好的准备，利用这段经历回报社会。获得了重新撰写论文与继续攻读英语言文学研究生的机会后，她下定决心：

> 我期望在进入研究生院的第二年获得助教职位。在第一年里，我没有成功，我打算重新梳理自己的语法和各种规则。我想要非常深入地了解这些，这样一来我就能成为其他人的好老师。不过，现在的高中教育忽视了很多方面。我就是从公立学校毕业的。我听说私立学校对这些方面非常重视。

最终，朱迪丝找到了积极的解决方案。虽然情况仍是充满压力与困难的，但她增强了自己对英语言文学领域的执着，并为自己的工作重新找到了目标感。她总结了自己所看到的一线曙光："在某种程度上来说，应对危机会激发出先前不知道自己拥有的许多资源，并将其付诸实践。"她找到了可以带入研究生院的灵感。最后，她甚至承认了这种情况是如何帮助她成长的："这差不多是我必须应对的第一场真正重大的危机，是一次令人成长的经历。"她也回忆了其他人对她经历的看法："有些人甚至评论说我处理得比他们预计的要好，这是一份有意义的赞扬，因为我致力于尝试以一种成熟且有效的方式处理事情。"

来到大学时，朱迪丝身上带着一种强烈的希望感，同时长久以来的经历强化了她的性格特点并为之提供了实质性的支持。这种希望感，包括自主权、认知的灵活性与在负面经历中趁势而上的能力，让她得以坚守自己的专业目标并将其锤炼，使自己获得更大的潜力去让职业生涯被赋予更多的意义与影响力。

安东尼：站在正义的一方，只有决心是不够的

安东尼在担任监狱教育志愿者时，在没有预警的情况下被排除在该项目之外，这令他对自己在社会正义方面的效能感产生了质疑。尽管该项目是大学与社区之间的合作关系的一部分，但监狱教育项目在很大程度上超出了院校环境的范畴，这就产生了缺乏支持的"真空区"，令他感到无力与这个结果对抗。如果能与大学有更加紧密的关联，他本可能获得支持并从所发生的事件中获得成长。然而，这次经历使他备受打击，并对自己的职业目标产生了质疑。我们并不能确定安东尼是否不具备希望的性格倾向，还是这一经历过于令人失望，以至于淹没了他曾经拥有的自主权与希望感。

安东尼的志愿者工作包括在当地监狱教授课程，以支持囚犯的教育与改造。这项工作与他新生的刑事律师的职业目标是一致的。在担任志愿者期间，安东尼注意到许多囚犯所经历的不公正待遇，并感到自己有责任在教学之外做一些事情来改善这些他认识的男子的生活状态。他发现，这些人被剥夺了接受心理健康服务的权利。在获得了监狱中领导另一个项目的志愿者的建议后，安东尼决定要帮助他班上的男子争取这些支持服务，这是他们需要、也有权利获

得的服务。这个问题在他看来非常重要，并且也和城市里正在进行的其他工作在整体上是一致的。

安东尼对于消除不公的内在承诺驱使他做出行动。回顾那段经历时，他回忆起自己是多么迫切地感觉需要做些什么："在那个时候，我几乎感觉都要精神分裂了，因为如果我不积极地用任何可能的方式、采取任何行动来尝试改变这个问题，我没有办法继续来这个地方工作。"不幸的是，这一做出改变的动力最终导致他被彻底排除在整个项目之外。

安东尼开始向自己班上的男子分发由倡导机构制作的宣传册，这些文件能够告知他们所拥有的法律权利。他回忆道："我一直都在给我课堂上的人分发这些，这能给他们带来真正的帮助，因为你可以仔细阅读它，了解你实际拥有的权利。而且，知道如何去做后，你会发现自己在某些方面遭受了某种不公对待，从法律的角度上来看是可以被补救的。"他并不将分发信息看作一种抵抗行为，而是客观地告知囚犯他们的权利，他描述了自己这样做的动机："宣传册的基本核心就是直白的法律事实。"从这个意义上说，安东尼的行动完全符合希望感与有计划的随机应变理论。他发现了一个能够让自己追求减少不公这一大目标的机会并抓住了它。

然而，监狱管理部门并未将安东尼的行动视为单纯地向囚犯提供信息的行为。他对监狱权利体系的天真理解带来了麻烦。由于他认为告知囚犯他们的权利是自己提供的教育的天然延伸，他并没有预先获得分发宣传册的许可。最终，他的行为冒犯了监狱长，令他惊讶的是，他被禁止进入该机构了。这个结果让他感到震惊，回忆起得知禁令的那一刻，他说："因为我需要一台放映机来放电影，所以在第二周时我不得不给他们打了个电话。然后我就被告知，警卫已经接收到了禁止我进入的命令，我需要先同狱监谈话。所以，我就去找他谈话了，而他基本上就是在说我没有权利将宣传册带进监狱，说这个机构里充斥着疯狂的精神病和危险的杀人犯等。而且，由于我没有权利做这件事情，他就要禁止我进入这个机构。"安东尼感觉这个决定是不公平的，且认为自己工作中遇到的这些男子无可救药这一描述也是不公平的，但他并不确定该如何克服这个结构性的障碍。

由于没有事先通知就被禁止入内，安东尼没有机会向自己已经认识并珍惜的学生们告别。他对自己有能力减少不公并为处境危险的人群服务的愿景产生了质疑，这个现实也对他的自我认知产生了深刻的困扰。由于校外项目与大学之间的关联不紧密，他无法获得能够让他预见这种可能结果并从中学习的指导者的指导。最初，由于感受到了一种自主权，安东尼试图用法律的武器来为囚犯的权利与自身能够告知他们这些权利的权利而斗争。然而，和朱迪丝在大学管理层内的斗争及卡尔的内心斗争不同，安东尼的斗争将他带到了与联邦司法系统内部的对抗之中。他对那里的效率低下与同情心的缺乏毫无准备，并因整个经历感到心灰意冷。

安东尼相信囚犯的案件在法律上能够站稳脚跟，但他既无法看到案件的进展，也无法获得返回监狱并继续通过教授课程行善的许可。安东尼回忆起自己的挫败感和自己对抗的这堵"石墙"："所以我们是这么做的，我们找了一位来自公民自由联盟的律师，代表两名声称这些宣传册被没收的患者提起了诉讼，我们在联邦地区法院提交了诉讼。这真是令人失望，因为我们是在10月初提交的，现在过了八个月了，依旧无事发生。就我的诉求而言，我们试图解除禁令，以便我可以被允许重新回到机构中继续教授课程。"但这场斗争仍未得到解决。

离开时，安东尼并没有感觉自己确定了前进的道路和有了一些效能感，相反，他回忆道："这确实是一件能够动摇你的信念的事情，因为从一个角度来看，我至少可以看清法律补救措施是什么，而且它们是尝试纠正类似情况的可能存在的最佳方案。然而当你意识到法律的过程可以有多么缓慢，以及除了法院能力所及这些客观因素外，还有很多其他因素掺杂其中，基本上来说你有点儿开始怀疑人性了。这是那种可以让很多业内人士感到幻灭的事情。"

安东尼在监狱的经历最初使他彻底改变了自己的目标。到了申请法学院的时候，他简直没法递出申请。他总结了自己面对申请过程时的感受："我真的感觉很矛盾，这不是关于我最终想要在职业方面做些什么的问题，更多的是时间的问题。因为我已经完成了申请法学院的所有基础程序，也参加了所有考试，但这件事就是到了这么个时间点，我几乎产生了心理障碍。实际上，当我坐下来、填写申请表、寄出去之时，就在那时候，我差不多决定了我明年真的不想去上学。"

朱迪丝在面对她的障碍的时候，很快找到了更深层的目标和意图，这使得她得以带着"刷新"的目标感继续毫不犹豫地朝着研究生之路前进，但安东尼做不到。他的"伤口"更深，令他对自己的价值观与目标都产生了质疑。况且，大学内没有人能够指导他解决这一情况，也没有人充当他与监狱教育项目之间的中介。此外，朱迪丝和自己的朋友一同回顾并讨论了她的问题，但和她不同，安东尼并没有提及任何能帮助他对驱动其职业道路的社会不公进行更广泛思考的人，他独自处理了所发生的事情。

事实上，安东尼的经历有可能导致一种习得性无助，一种认为努力工作与付出不会带来成功的信念，从而导致减少付出努力（Elliot and Thrash，2004；Peterson，1985）。没有希望感，没有创造出达成目标的替代性路径，安东尼停滞不前了。这个障碍过于强大。它击溃了他满怀希望的性格，校园里或监狱中也没有任何人或任何组织能够为他提供他所需的支持来理解这次经历。作为一个白人居多的校园中的少数族裔，这也可能会导致他经历足够多的微小伤害与其他明显的歧视经历，以致他对于自己应该能够获得胜利的希望感、主动性和期望受到抑制。

在大四余下的时间里，安东尼将注意力转向了校园工作。他参与了某个校园组织的一些行政工作与筹款工作。然而，他解释说担心自己"变成一个纸上谈兵的人"，而不是一个付出实际行动并帮助创造变革的人。在如何平衡自己的目标感与所经历的令人沮丧的现实方面，他感到困惑，不确定该怎么做。他没有选择申请研究生院或法学院，而是决定休息一年，去厘清发生的事情，并找到前进的道路。

虽然他并没有完全放弃法学院，但这次经历最初还是令他感觉自己被压垮了，而不是令他获得胆量。随着时间的推移，一种希望感逐渐涌现，他最终制定出了前进的计划。他仍然认为法律之路是减轻不公的最好途径。不过，这场斗争在现阶段有些让人感觉太过庞大，因此他延后了进入法学院与法律行业的计划。相对地，他申请了一个奖学金，这将让他在毕业后获得时间来疗伤、反思，来获得新的认识。正如他所描述的："我申请了一个奖学金，也很幸运地获得了这笔奖学金。所以我差不多有一年的时间可以将问题搁置在一边。我有一个项目企划，主要是在欧洲的少数族裔社区度过一段时间，尤其是那里的印度裔、巴基斯坦裔、西印度群岛人与非洲族裔等群体。在法国，会有更多北非人和阿尔吉尼亚人，然后那里还有一群数量相当庞大的西印度群岛人、法属西印度群岛人。所以，这并不是一个非常正式的学术研究，因为这不是获得奖学金的目的，而主要是在四处旅行的时候，我有些真正感兴趣的事情和可以留心关注的事情可做。"

他描述说这个奖学金有可能为他提供了解不同国家种族化历程，并为理解非裔美国人所经历的不公正提供一定的背景。不仅如此，这还能为他提供时间和空间来理解所发生的事情，反思为什么他在监狱里的工作和随后的诉讼案件的进展并不如他所希望与预想的那样，从而制定新的前进道路："我对此真的很期待。我感觉如果我做了这件事，那么之后我将可以真正准备好去读研究生。"走出长期坚持的轨迹，是他的自我意识受到如此深刻挑战的必然结果，也是试图从中恢复时缺乏支持的必然结果。然而，他仍然制定了一条前进的道路，这条道路能为他提供所需的时间来重新定义与完善自己的目标。

迪伦：遭到拒绝，没有准备，但仍有信心

迪伦所遭遇的挫折更加私人化，又更常见于学生之中——被法学院拒绝。最初，他抵抗住了来自父亲的希望他进入法学院的压力，尽管他的母亲认为他会在那里表现得很出色。迪伦想要走自己的路。他试图追求心理学。然而，他无法获得足够的指导来帮助他将自己的兴趣转化为职业道路。最终，他决定申请法学院，带着一种既真诚又满不在乎的态度准备着自己的申请："是啊，这就是我决定要做的事情。现在就看法学院要不要我了。"他对待申请的方式反映出了

一种深深的矛盾情感，这种对于将他引向这个决定的道路的情感一直都存在于他的心中。这种矛盾的情感，或许还有对于追求备选计划的过度自信，没有让他对遭到拒绝的痛苦做好准备。

由于作出申请法学院的决定要比很多同龄人晚，迪伦计划在大四的时候减轻课程负担，以便将更多的时间投入申请与准备 LSAT 上。这个间隔期也给他更多的时间来思考自己的未来，他总结道："我想要找一找明年及以后要做的一些事情的机会。我想，如果我像过去那样埋首在所有学业之中，我就无法睁大眼睛找寻机会了。"在寄出申请后，他自信自己正朝着安全的轨道起航，朝着自己的目标迈出了正确的步子。他申请了"保底"法学院和"冲刺"法学院，并开始郑重其事地畅想人生的下一个篇章会是什么样子的。

随着包括迪伦室友在内的其他人开始收到法学院的录取通知书，他担心道："我还没有被法学院录取，这件事悬在我的心上。我把今年大部分时间都花在申请法学院上了。而现在，好吧，一切都还悬而未决。"虽然如此，他还是保持着希望，向采访者解释说："我没有收到四所学校的答复，我真的没有想到会这么难。"

当他对自己的申请和越来越多的拒信进行反思时，他心中涌现出了对于自己学术准备质量的怀疑。他对考试得分与成绩感到困扰，哀叹道："我在法律板块得分不是太好，这让我感到不安。"甚至在收到所有法学院的回复之前，他就感到沮丧并开始思考自己可能不会成功。与自主权和希望理论一致的是，他开始制定替代路径与计划来让自己进入法学院，指出："我想如果我今年无法进入想去的法学院，我可以重考一次，因为在一天或者两天之内将四年的努力付诸东流，实在是太蠢了。"他尝试着转移自己逐渐增长的担忧，但它无孔不入，于是他改变了原本的计划，试图找到一些成功可能性更高的选择：

> 我可以推迟几年入学。我并不太担心，因为我可以
> 做一些与法律相关的事情。我正在研究法律助理学校。
> 我的一个朋友今年夏天就要去那里上学。我可能会去看
> 看，但我不确定。我想要继续朝着我选择的方向前进，
> 只是在等待机会的到来。我仍然对其他事情保持开放态
> 度，但目前的情况是，我倾向于以较长远的方式看待事
> 情。我不想再做一个为期一年的暑期工作之类的，那太
> 荒谬了。我还做过调酒师，天啊！我暑假几乎做过你能
> 想象到的所有种类的工作。

这些暑期工作并不是他所想象的毕业后的生活，即便这些工作
只是为了帮助他度过能够再次申请前的一段时期。他需要一个更好
的计划。

最后，迪伦还是寄希望于自己的"保底"学校能够通过，尽管
这与他最初所想的有所不同，他也决定如果取得成功要为之感到兴
奋："我正在等待家乡的法学院出结果。我发现即便我的法学院考试
成绩较低，我也能够进入那里。不过你永远不知道。这是一种方法。
我内心的想法其实是更愿意去一个位于家乡以外的法学院的，去试
着多看看外面的世界。但是，如果实现不了，我可能会回家乡。"然
而，即使是他申请时作为"保底"的家乡学校，也拒绝了他。正如
Snyder（2002）所述，只有当一个目标被追求时，它的价值才会显
现。对于迪伦来说，他在整个大学时期都对进入法学院的想法表示
反对，但在被拒绝后，这个目标的价值只会增加。

在迪伦理解自己的所有法学院申请都被拒绝的原因时，他反思了自己失败的遭遇。由于一直以来他总能实现自己设定的目标，即便在被拒绝时，他仍然能够抱有强大的希望感与期望：

> 我就是无法相信，我都这么努力了，却做不了自己想做的事情。我只是感觉我可以成功的，我猜这就是自信的来源。甚至在被申请的所有法学院拒绝后，我仍然能够感觉到那一点，我应该在那里的，一定有办法能让我被录取。我想去法学院，但我去不了，这让我感到困扰。我的意思是，我并不认为自己陷入了困境，我猜。我依然有着优良的记录作支撑。如果我想做某件事，我想我或许能够去做。我不知道。

他似乎对于自己第一次未能实现自己的目标感到困惑，尤其这还是一个他起初甚至不确定是否想要追逐的目标。他描述了自己对于事情本该如何的想法："我原以为事情会很顺利的，如果你在自己的院系表现优秀，法学院会知道你，说，'嗯，这个孩子在学术上能够表现得不错。我们会让他进入法学院的'。"迪伦在过去从未有过付出努力却看不到成功的经历，这令本次经历尤其令人不安。

迪伦的反应很情绪化。他对法学院作出决策的体系进行了批判，但他并不为自己在大学生涯中选择的道路感到后悔。在沮丧之中，他指出："你会有点感觉想要反击阻碍你前行的事物，而现在这似乎就是那该死的 LSAT 考试，它看起来太荒谬，因为，我不知道。我认为在创造高质量工作的过程中有着太多不同的因素了，如果事情涉及区区一场考试，你在考试中的表现要在申请的评估中占比 50%，我觉得这有点荒唐。"甚至在面对被自己申请的所有法学院拒绝的现实面前，与其希望自己之前做事情的方式有所不同并缩小自己的经历范畴以为法学院做准备，他反而希望有一个不同的体系，一个重视他在大学生涯中通过有意识的探索路线而获得广泛教育的价值的体系：

> 我可以说，对于为了到达你想去的地方而必须采取的步骤，对于为了成为律师而建立的体系，或者为了走这条路或者那条路而建立的体系，我想我个人是相当愤世嫉俗的。我不得不嘲笑它并自嘲，我只是对这些完全嗤之以鼻。但是，我的意思是，这就是现实，因此必须接受它。当我成为一名大四学生时，我对它的看法依旧不变。我的意思是，对我来说，通过某些事情的要求的方式一直都是这样的。我曾经对这里的医学预科生非常轻蔑，认为他们过于注重分数之类的。我在想，"如果这不是我所听说的最荒谬的事情才怪。他们甚至都没有试图去进行真正的学习，他们只是试图拿到结果。如果他们一路上就是这样过来的，那挺好的"。似乎总是这样，而且这个方法现在仍未改变。我想过，随着年龄的增长，我会明白其中的道理，但我很抱歉地说，我仍然对这些保持特别怀疑的态度。肯定有更好的方式来组织这些事情，让合格的、有才华的人能够用自己的方式展示自己，我不太清楚如何做到这一点。

在大一和大二的时候，他批判了专业预科路线的规定性质，就像很多其他人那样。相对地，他更加看重通过各种课程来探索自己兴趣。然而，令他不安的是，专业预科的实用价值在他大四结束之时非常清晰地凸显出来了："我也在想，或许这是个错误——看，当我来到大学的时候，我真的不确定自己想做什么或者类似的事情，所以我选择了一些让我感兴趣的课程。而且，我从来没有后悔选择其中任何一门课程。"尽管这些课程并不能为他提供达到法学院入学要求的准备，但他仍然相信在大学期间进行探索的价值。广泛探索的乐趣和满足感与本章前文提到的选择与决策理论相一致（Iyangar and Lepper，2000）。尽管在整理这一切的思路时他并没有这么说，但他很可能后悔自己没有想出如何将自己对心理学的兴趣转化为职业的路径。这扇机会之门的关闭使得法学院成为最好与最稳妥的选择，但是第二选择，而且结果也被证明并非当然之选。

迪伦对在大学中探索的价值的信心并不意味着他不会感到迷茫，他说："是呀，这还是有点儿吓人，面前是一片空白的未来，因为我一无所知，什么都没有真正地发生。我仍然处于停滞状态。是啊，我想做一些以后能与我的职业相关的事情，如果有机会的话。如果没有机会，那我就只能继续寻找。"对于寻找备用计划的决心依赖于他的信心和他可利用的资源，但他也意识到，能否接触这些资源取决于他能否获得法学院学位。在他看来，"我需要面对眼前的事情。如今摆在我面前的似乎是——我似乎在家乡有法律方面的机会，如果我能获得相关学位的话。我在家乡认识很多律师，特别是——家乡的地方检察官是我家的一位好友。我们可以很容易地建立联系，如果我从法学院毕业的话。他们可能会将我带到他们的——我不是说他们会带我进他们的办公室，但他们可以为我在法律领域的事业打开局面。而且我也能预见到这些。因此，这个情况看来似乎是从那个方向对我张开双臂的。所以，只要大门是敞开的，我就能顺势而为"。虽然学生在缩小自己的选项与关闭大门方面通常充当积极的行动者，但迪伦发现自己完全受到那些为他关闭的大门的支配，并只能在仍然敞开的大门中作选择。

迪伦遭遇的障碍令他沮丧，但他并不气馁。然而，这次经历并没有给他带来强化的目标感。相反，由于通往法学院的大门向他关闭了，这次经历使他开始寻找达成目标的替代路径，并最终决定它是否是一个值得追求的目标。对于迪伦来说，时间已经不多了，他在没有确认下一步该如何走的情况下毕业了。但他仍然相信自己能够成功并继续考虑实现目标的新路径。最终，他成为律师的计划从未实现，他选择了完全不同的职业。

妥善利用时间的价值

许多学生的大学生涯并未遭遇重大的挫折与障碍。然而，他们仍然经历了对多种可能性保持开放的挑战，以及在缩小专业与职业计划范围时由关闭大门产生的不适。迪伦并非唯一一个计划未能如预期般顺利进行或感到迷茫的学生。然而，在面对障碍的时候，为了达成自身目标而构建替代路径的能力，将兴趣融入一条真正具有创新性且富有成就感的道路的能力，以及转向另一条富有成就感的道路的能力，都是通过对新观点进行深入而广泛的探索及参与新经历而培养出来的。在探索中经历成功与从失败中吸取教训，能培养一种希望感，这种性格特质能够带来自主权、计划性、灵活性与期望（Snyder，1995，2002）。加里既乐观又充满期待："所以，你知道的，我并不知道我最后会变成什么样子——我的意思是我还并不清楚我们会经历什么或者到了那里我要做什么。这都值得等待。"弗兰克表现出了确定与自信："现在，我只是有种感觉，会有一些事情发生。船到桥头自然直，这可能是种灾难性的态度，但我确实有一些想法。"对计划学习法律的斯科特来说，他有更大的梦想——但他也计划要过好每一天。他预想道："是的，我的秘密愿望是从事司法工作，你知道的，类似地方法院这样的。我对此很感兴趣。所以，如果这能实现就太好了。如果不能，我就每天坐火车去市区，从事法律工作。"

此外，决策与选择理论也为院校该如何帮助学生在广泛探索的同时对于明确自身人生目标与缩小研究范围作出明智的决策提供了有价值的见解。学生想要也应当拥有无限的选择，并在各种各样的机会中茁壮成长——去进行广泛的探索。然而，我们知道，拥有太多选择将导致过早关闭机会、糟糕的决策与对最终选择的较低满意度。相比之下，从较少的选项集中作出决策，将带来更高的满意度与更好的决策制定过程。学生渴望时间，也需要技巧与指导以考虑自己的选项，当他们并不知道自己要做什么的时候尤其如此。他们总是想要更多的时间。我们应该倾听他们的请求。

第七章

请求更多时间

在大学经历的每个方面——离家、交友、发现自我及投身某个职业——学生都要求获得更多的时间来弄清楚事情。尽管推迟成年从定义上来说为学生提供了额外的时间，但他们仍然在挣扎。实际上，这是一个在访谈中不断出现的话题，因为学生在时钟滴答作响的幕布下与作决定的压力搏斗。他们为了时间而哀叹——希望拥有时间，寻找时间，停止时间，以及用牺牲换取时间。他们对于时间的请求既不是轻率的要求，也不是推迟决策的尝试。我们了解时间是必须的。为了全身心投入令青春期终结并进入成年期的问题，也为了充分利用推迟成年的好处，学生需要停下时间的脚步，从而拓宽自己对生活的视野，进行反思，从自己的经历中学习，以及作出明智的决定。

学生经历了诗人与存在主义者一直以来都知晓的事实：岁月不居，时节如流。他们必须弄清楚自己是想随着时间前进，还是想被时间卷走，或是在可能的情况下走出时间的路径并按下暂停键。简而言之，他们必须找到一种方法来掌控自己的时间，而不是为时间所掌控。时间可能是大学生活中最昂贵的奢侈品之一，但时间也会以令人惊讶的受限方式被预先设定。有这么多事情要做，有这么多要求与需要达标的事项，学生常常感觉时间不够用。他们感觉自己迫于压力作出决定——从选择朋友到选择研究生院——而这往往出现在他们做好准备之前。虽然每个学生最终都会不可避免地来到十字路口并必须作出这些决定，但重要的是要让他们既拥有空间也拥有策略来帮助评估自己的选项并好好作出选择。能够最出色地应对大学岁月中的挑战的那些学生，也是那些能够为实验、反思与解决问题明确地划分时间的人。

时间的概念在我们的学生访谈中以既平凡又令人惊讶的方式出现。大学数年通常来说是学生第一次独立拥有属于自己的时间的时候。在童年时代，他们的日程表往往是由外界——如学校、家长以及课外活动——制定与掌控的。许多曾走过大学升学之路的学生也都经历过时间被安排得过于满满当当的生活。当他们忙着从一个任务奔向另一个任务的时候，日子过得很快，他们很少能停下来思考自己是否感到满足，或者是否应当考虑生活的另一种可能。然而，当学生在等待的空隙虚度光阴，或者只是希望永无止境的第五节课能够结束的时候，时间又会慢慢流淌。

大学期间，学生往往第一次感觉到自己对于日子怎么过有了掌控。他们在制定课程表上有了一定的自主权，特别是可以在上学期间划分出大段的休息时间，甚至对于那些原本在家乡被制定好的时间规划也拥有了决定权，比如什么时候入睡，以及什么时候（或者要不要）起床去上早课。从表面来看，学生似乎有着充足的时间。看着他们的日程安排表，人们很容易惊叹于周三中午有四个小时的空余时间这样奢侈的事情。然而，即使一周日程中拥有这些空白时间段，他们每天中的大部分时间仍然填满了社交互动，日常生活中新增的杂务（洗衣服需要花时间！），以及让他们能够做一些事情来充电和放空的空闲时间。

要弄清楚如何对时间负责，如何在不浪费自己所拥有的自由的同时不去过度地参与太多活动，以至于没有时间照顾好自己，这并不是一件易事。而且，学生通常并没有做好准备应对被过度安排的高中时光与充裕的大学空闲时间之间的强烈对比。平衡关于学业、人际关系、工作和课外活动各类责任，并不是一件人们天生就会的事情。通常来说，第一个学期总是错误连篇，因为学生承担了对于自己日常生活的独立掌控。他们可能会在最初几周或者几个月里浪费一些时间，直到他们意识到若拖到期末考试前才开始做一个学期的阅读会是什么后果，或者注意到自己的朋友在他们不曾留意的时候已经建立起了其他社交网络并参与了其他校园活动。这些出师不利是成长过程中的一部分。

本研究中的受访学生从更广阔的概念上关注了时间。他们思考了自己需要停下来深思熟虑某个问题的时间，或者在做好准备的时候加速推进的时间。时间的问题在本书中的每一个部分都有所体现：（1）处理家乡的人际关系；（2）建立新的社交关系；（3）学会寻找自我；（4）管理优先事项与制定职业道路；（5）作出决策与克服障碍。在各个领域中，我们可以看到，所有关于推迟成年的争论到头来都是关于请求更多时间的问题。

学生与家长之间关于不同时间观念的协商

对于许多家长来说，大学是其孩子未来的重要晋升之阶——是为了家庭向上流动而进行的一项投资，其中可能伴随着牺牲。然而，许多父母不确定自己的孩子是否足够成熟，拥有作出明智决定的能力，从而在最大程度上利用这段经历并为成功打下基石。当学生过渡到大学校园生活时，他们描述了自己和家长对于大学经历的观点分歧。学生们抱怨自己的家庭过度强调大学学业方面的重要性，这可能是为了确保他们的孩子毕业的目标，要在合理的年限中做到这一点，还要获得成功所需的工具。家长往往会将重点放在充分利用大学时光上，其衡量标准是有形的成就——学分、荣誉与服务时长。然而，学生们却认识到有些重要的机会永远不会在大学成绩单上显现出来。平衡课程与对课外活动的追求是这一冲突的一个显著转折点。学生对于课程与课外活动的决策拥有更大的掌控权，这影响着他们的日常校园生活。如果他们想要离开学校一段时间，去休息，或是参加与自己核心学术追求无关的教育机会，紧张的气氛可能加剧。关于学生如何分配时间的问题，通常会围绕着学生的一个共同愿望来讨论，那就是对于离开一段时间的渴望。加里解释说，他的很多朋友"似乎都需要"离开校园，这样他们就可以确定自己的优先事项，并对未来作出重要的决定。他选择不这样做，因为他并不认为自己会喜欢这种"不连贯"，即使他知道这可能是有益的。对于那些确实有这种需求的学生，其家长可能很难理解学生试图传达的深层必要性。

安东尼描述自己的父母无法理解他到底在大学做什么，并回忆起在"该如何分配时间"这一问题上他们的剑拔弩张。他反思说："这挺搞笑的，因为从某种程度上来说，我的家人并不知道我在做什么，也并不知道我为什么要做这些。"在描述课外活动比学业更为重要时，他解释说他的父母认为学业是"大学的重中之重"。然而，他已经意识到学业只是大学经历的一部分，并努力帮助父母理解，他花费的这些时间并没有被浪费，即便并没有在他的成绩单或简历上体现出来。虽然这些活动仅限于校园内，但一切都在他的掌控之中。然而，当他决定想要花时间进行进一步的探索时，他的父母对于这个决定有着更大的意见。他解释说："我曾经向我母亲提起过这件事，但她反对我请假离校，她就是不能明白这有什么意义。"他总结说，"因为这样那样的原因，我没有做这件事"，并描述在听从母亲的意愿放弃了自己的想法之后，他在校园里一直感觉到挫败。

马克斯也曾想请假离校，并遭到了他所说的"来自家里的很多抨击"。他解释了母亲所表达出的恐惧，提到她是如何"不愿意接受这个主意"的。他试图理解她的反对态度，意识到："她认为一旦品尝到了自由生活的滋味，我可能就乐不思蜀了，虽然我并不认为会发生这种情况。我不知道。我想我对于获得学位是相当执着的。但是，除非试一试，否则我永远都无法知道。"他还发现自己的这个想法在校园内也遭到了反对："有一段时间，我曾考虑休学一年，我的化学指导老师说服我打消了这个念头。"马克斯认为离开的时间是有价值的，指出："我有一点沮丧，因为我修习了所有通识入门课程，却没有从中获得任何具体的东西，这就是我想要休学一年的原因之一，我想试着下定决心，具体弄清楚我想要进入什么领域。"然而，他无法说服家人或指导老师这是一个可以接受的选项。

虽然他的化学指导老师说他需要有具体的计划与目标才能申请休学一年，但马克斯并不认同："休学一年的目的很大程度上是让我放飞思绪，在放松一段时间之后决定我想要做什么。但是，我不知道，他的反对非常坚决，我想我被他说服了。"在意识到自己无法将母亲的反对和指导老师的建议弃之不顾之后，他带着遗憾决定尽可能地抽时间弄清楚自己渴望做的事情是什么。和安东尼一样，他最终让步了，并解释说："所以，我会返校的，至少这段时间是的。尽管我没有放弃休学一段时间的想法。"他依依不舍地总结道:"如果实在不行的话,至少我还有暑假。"

卡尔——或许是预见到了自己可能会因为休学而面临斗争——决定通过学校项目出国一学期,这样就能堵上一些父母可能会用到的反对理由。尽管他的计划仍然同父母对他大学生涯的期待有所不同,但这个决定让他更有掌控感。由于他能够认识到自己的观点与父母的观点之间的脱节,他得以为自己作出决定。即使在作出选择后,他也理解父母的怀疑:"就我父母而言,他们仍然有一些疑问,比如爱尔兰与心理学有什么关系,心理学和赚钱又有什么关系,诸如此类。"他试图理解存在差异的思维方式,总结说:"他们大概会因为我的成功而感到沮丧,因为这并不是他们预想中的成功。"最后,他接受了这些差异的根源,并开始理解这些存在差异的观点:"作为下层中产阶层,他们很难真正地理解我在做的事情。在他们的愿景里,我会在大学毕业后进入法学院。"这是向上流动的一条道路。前往爱尔兰是他人生道路的一个转折点,为了继续这个计划,他不得不接受自己的父母可能无法完全支持他的决定这一事实,但也必须意识到无论如何他都需要冒这个险。

在以上各个实例中,家长与学生之间的观点分歧导致了艰难的对话。不过,值得注意的是,两位希望休学但并无安排的学生最终都选择听从家长的建议留在学校,尽管他们都感觉自己的父母根本不理解自己的观点。只有卡尔,通过更为正规的方式度过校外时间,才得以克服父母的反对。但在每一个案例中,这些争论都凸显了学生与家长之间的根本分歧。家长的担忧可能并不是没有根据的,因为许多休学的学生并没有返回校园。然而,认识到在应如何看待时间与上大学的目的之间的分歧是重要的,承认这种分歧有可能以强势的方式改变这些对话的动力结构。

社交关系与休闲：并非浪费时间

许多学生被社会教育要努力工作，不能浪费光阴；最终，他们意识到了平衡工作与休闲时间的需要。特拉维斯太过专注于学业而忘记了其他的一切，这让他很恼火。他解释道："嗯，我还有一点挫败感，因为我没有足够的时间去做一些想做的事情。今年我真的很想参加某种戏剧制作的项目，但一直没有时间去做。我仅仅找时间去了一次波士顿的交响乐演奏会，我本来想经常去的。事实上，促使我决定来到这里的很多想法我都没有实现，所以我觉得我有点在欺骗自己的意思。"

学生担心在追求学业的过程中会牺牲人际关系。伊莱恩对于学业和友谊之间缺乏平衡而感到遗憾。她指出："我认为我在学习上花了太多的时间，而没有足够的时间去社交，主要是我担心不全身心地投入学习会发生的后果，你知道吗？"虽然她希望自己能够克服这种焦虑并建立牢固的关系，但她不确定自己是否能够成功地平衡这两个目标。康纳也意识到自己需要更多的时间与朋友相处："我有了一个很重大的领悟，那就是我学习是很努力，但我花了太多的时间学习，而没有足够的时间社交。"到了快大学毕业的时候，贝姬做好了准备改变自己的模式，以获得更多的平衡："我也想要开心地度过这个学期。我总觉得自己或许在学习上花了太多时间。"尽管如此，在允许自己获得这个自由后，她为自己一路上已经错过了的所有社交机会感到遗憾。

在访谈中，只有一名学生曾明确选择放弃社交时间来追求自己的学业目标。凯文在来到校园的第一年时解释了他的理由："我想，如果我要在这一年中有所收获，如果我想有一个好的开始，我可以承受放弃一年社交生活的后果，只是全身心地投入学业。"然而，他很快意识到自己错了，并回忆说："我注意到我宿舍和其他宿舍里的很多男生真的就是整天整天地闲逛，你知道吗？很多时候他们确实没有太多事情可做。"虽然大一时的他对此感到困惑，但在随后的两年里，他终于意识到了休闲时间的重要性，并在大二和大三的时候在校园里建立了更稳固的社交网络。

在访谈中，学生阐述了对于获得更多平衡的渴望，普遍表现出对"无所事事"与享受休闲时光的渴望。无论空闲时光的来源是什么，也无论他们优先考虑空闲时间的理由是什么，学生都认识到了与朋友共同度过的休闲时光对他们的个人成长有着巨大的益处，正如我们将在接下来的两节中看到的那样。通常情况下，这些看似"自由的时间"实际上并不自由，正是在这种非结构化时间的情境下，发生了许多与自我意识的培养、兴趣的培养和社交关系的发展相关的重要活动。

寻找时间去发现自我

当学生被推进时间的"洪流"之中并与之对抗时，他们声称想要多时间来发现自我。他们想从实现目标的沉重压力中解脱出来；他们想要按下暂停键，给自己时间厘清思路；他们也想要更多时间进行更深入的探索，因为这在他们看来是上大学的一个关键目标。

我们将分别对这些目标进行思考。

将学生从压倒性的目标压力中解放出来的时间

压力的积累让学生想要找到一种解脱——去按下暂停键。许多学生在整个高中时期都非常努力，以符合外界对他们的期待，其目标是进入大学。他们感觉自己好像在永不停止的跑步机上，从一个"站台"跑向另一个"站台"，没有足够的时间来反思和理解自己取得了什么成就、成就的意义以及前进的方向。

这里并不是说学生不应该感受到压力。相反，他们需要获得支持，以认识哪些压力对自己有益，而哪些压力会妨碍他们的成功与发展。加里觉得高中及升入大学的压力太大了，他担心看不到尽头。正如他所感叹的："与我在这里看到的很多其他人的情况相反，我认为我去年在学业方面有所懈怠的原因是我在高中时课业繁重。我只是有点不想再做这些了，而且我想知道我毕业后会发生什么，如果我直接去研究生院，又会发生同样的事情。所以，我正在考虑或许要离开一年——或许我可以获得留学奖学金之类的。"

对于迈克来说，来自专注于学业的压力很早就让他觉得透支。他指出这是一种会导致一些人需要心理健康照护的问题，并解释了他是如何意识到自己把自己逼得太紧了的：

> 好吧，也许在其中几年中我忘记了自己是一个人，只是像机器一样做书本功课。但如果你将其合理化，那么我认为你就会进一步进行合理化，最后将其推向一个糟糕的极端。你知道，我不认为——我曾经认为这很棒，

你知道的，如果你可以在生活中成为一个"斯巴达人"，如果你能最大程度地约束自己，安排好一整天的时间，不给自己时间去发散思绪、凝结想法或做其他任何事情，就只是哐、哐、哐，非常快速且努力地把事情完成，这就是真正的成年人标志了。我不再认为这是正确的了。在一定程度上，这样的确是好的，但如果你做过头了，你就成了机器，而不是一个人。

迈克后来描述了轻浅地探索大量兴趣的好处与投入时间的好处之间的对比。他最终学会了有效利用时间并确定自己的优先事项："当你涉足很多不同的事情的时候，你能看到它们全部，但你无法最大限度地享受它们，因为你没有在其中任何一个上花费太多时间。作为一名业余爱好者可以获得很大的乐趣，我说真的。但是，我认为当你找到自己擅长且喜欢做的某件事情，并坚持下去，尝试以它为基础发展时，会有更大的满足感。一个人铺开很大的地基并试图将其建设到同一水平，可能是有点困难。但我认为如果你建立一个较小的地基，你就可以将其建立得相当牢固。"

当分析他过度参与课外活动以及在他开始从中寻找平衡后学到的教训时，斯科特表达了与迈克同样的观点："我想，人必须要经历一定程度的压力才会成熟。我不知道如果我没有来到这样一个学校，或者如果没有去任何文理学院，我是否还会这样做，是否有时间这样做，所以我认为这是我看到的一个优势。也许这是一种合理化。"除了学校本身的压力之外，对于大学必须通往某个有意义的职业生涯的期望也会让人感到难以承受。学生感到了一种减轻这种压力的需求。

按下暂停键：释放必须厘清一切的压力

学生感受到了一种必须厘清自己的人生的巨大压力。每当他们的计划出错或兴趣发生变化时，他们发现时间仍在流逝，但他们自己却不一定感觉做好了跟上它的准备。在这种情况下，他们想要"时间暂停"，在继续前进之前把事情弄清楚。当学生觉得还没有找到自己的目标与目的，且在大学里无法找到空间与支持体系来做到这一点时，他们就会找寻机会推迟决定，对于没有弄清自己的职业计划感到自在，并活在当下。这在访谈中是一个如此突出的主题，因此理解学生究竟为何会提及对于出口的需求，以及这代表了他们实际上在校园里需要的哪些支持，就很重要了。

有些学生感受到了一种强烈的压力，认为要把自己人生的方方面面都弄清楚，然而，真正的目标其实是在缩小范围与决定自己大学毕业后想要什么之前，先扩大范围。加里曾因为在大二时就被期望要规划好一生而感到焦虑不安，如今他兴奋地描述说，他意识到——或许——他并不需要在二十岁时就找到所有答案。他解释说："你现在作出的决定真的不像别人告诉你的那样是永久性的，范本就是，大学四年，研究生三年，或者其他什么的，然后你就毕业了，这就是你的人生。我认为，如果我现在就作决定，那这个决定应该更多地是为了此时此刻，而不是为了符合我此时此刻的远大规划。"与很多学生不同，他在家中有一位选择类似路径的参照榜样，他指出："我的父亲也是等了十年才回去读研究生的。"

并非所有学生都有加里这样的认识。迪伦所面对的弄清问题的压力是如此之巨大，以至于他都在考虑不回学校了。他想象着那会是什么样的场景："现在，我计划着暑假回家，然后我想找一套公寓。我不想住在家里之类的。我只是觉得我应该独立，维持现在的感觉。"他继续推测说："我想，如果暑假的时候有什么好事发生，我想要继续做下去，休学一年或专注做某件事并不会对我造成任何重大困扰。如果今年夏天进展顺利，那么届时我将不得不作出决定。如果不顺利，我到时候也得作出决定。我不觉得自己会请长假，或许会请三个月或者四个月吧。不过，我没法预料会是怎样。"他意识到，这个从大学压力中走出的主意会是一次打破旧模式的机会。他解释说，关于不能休学的想法"只是我老一套的思维方式，我猜，即我必须在第二年返回学校，要做这件事，要做那件事。现在情况变了，我感觉，如果明年我不想返校，我就不必返校"。

由于对于关上所有机会与探索之门的前景感到不知所措，伊莱恩准备暂停自己的职业之路。在大四结束时，她解释了自己作出这样的选择的原因："我并没有申请任何院校，因为我真的很想休息一段时间。我只是觉得需要远离书本。我真的需要休息！是啊，所以我想要远离学业相关的事情。"学生想要按下暂停键，并不仅仅是因为他们想要更多的时间去弄清问题，还因为他们觉得上大学的目的在于探索新的想法与经验。他们很容易感觉到这种探索的时间溜走了。

在为时已晚前探索的时间

对于其他学生而言，暂停时间的欲望并不一定来自压力感。他们只是想要在为时已晚之前，有时间去生活，去探索，去发现自我。那些感觉自己在整个童年时期都按紧锣密鼓的步调前进的学生，想要按下暂停键去探索。当他们无法做到这一点时，这种渴望可能会持续到成年期与中年期。对于这些学生来说，他们在学校需要时间去充分利用大学里的资源，去弄清楚自己下一步想做的是什么，去制定自己的航线。

加里最初意识到自己在大学里的时间有限时，他指出："你在大学只有四年的时间，不妨趁你还在这里的时候好好利用它，当然也要对自己毕业之后想要做什么进行一些粗略的思考。"他没有做好准备，并想方设法地为自己寻找时间来进行这类探索。对于在尚未完全做好准备之前就要作决定，这些学生感到愤怒，尤其是当他们还没有机会进行深入思考的时候。

迪伦想要请假，因为他觉得自己没有进步，而在不同的环境中休假将有助于重新激发他的兴趣。他这样描述："是啊，我现在需要一些变化，我现在就是停滞不前。我想回家乡，或者去一些不同的地方。天气渐渐变好了，我不想留在这里，留在这里很痛苦。不过在我看来，随着年龄的增长，休假就变得越来越容易，也越来越愉快。这就是我可能会请一年假的另一个原因。我不知道。但如果从现实的角度来看，大学是一个挺不错的地方，因为这里有太多东西了。"

克雷格对海洋生物学有着大致的兴趣，他也将大学时光视作一个休息与探索的机会。他没有钱去真正地休一年假去旅行，因此他以一种创造性的方式来想办法在预算紧张的情况下花时间探索。作为他参加的其中一个俱乐部的项目之一，他利用了一次欧洲之旅的机会："我明年准备休假，准备待在欧洲，因为无论我想什么时候回，合唱团都会报销我的路费。"在他意识到自己需要决定是否想成为生活在船舶之间的"雅克·库斯托"式人物后，他作出了留下来探索的决定。他认为不需要计划或目的，只需用于探索的时间。他总结说："问题在于我明年会做什么。我不知道。我愿意承担亏损，但我也有点儿想要一份工作。我也许可以做诸如服务员的事情。我不知道。赚的钱只要足够维持收支平衡就行了。"

克雷格认识到大学时光是一个独特的时期，责任与花销较少，可以在预算内完成探索旅行。虽然他并没有具体的计划，但他推测说："我希望在欧洲度过的夏天至少能够让我接触到一些不同的东西，可以让我在明年进行选择。"他设想着将这种探索感带回校园："正如我现在看到的，返校将会是我的某种享受美好的最后良机。我不知道怎样才能修习所有自己想上的课程。"特拉维斯也考虑申请没有明确计划的假期，他解释说："有时候，我感觉自己明年不应该返校。我觉得应该花几年的时间去做一些事情，怎么说也要一年。可能，旅行？"有关探索的想法——即使没有目标——对于那些认为自己没有做好准备却要作出决定并因此感受到压力的学生来说，尤其具有吸引力。

卡尔觉得自己无法充分利用大学中的机会，他想要有时间去探索并弄清一些事情。他哀叹道："现在，我眼前还没有一个我真正想去实现的明确目标。"他担心自己还没能锁定一个方向，也不确定如何在作出这些决定之前作出对自己的未来至关重要的选择，因此，他想出了一个替代方案："如果可以等几年的时间，等到我成熟了，知道自己想要什么了，那么我认为大学真的是一个很棒的地方，因为这里有所有的设施。如果你知道自己想要什么，这里在我看来将是一个学习自己真正想知道的东西的真正的好地方。"他继续说："而且，在我看来，我在这个地方只是在浪费时间，因为我并没有真正利用这些设施。我只是上课、混日子、写论文。"最终，尽管他有了这样的认知，但他也依旧无法接受自己离开的想法。关于偏离轨道和失去动力意味着什么，他已经在心里琢磨了很久："我一直都在考虑，休息几年吧。但是这样一来，节奏就会被打断，就必须重新调整。"

追求兴趣，决定优先项

虽然对于该如何分配闲暇时间，学生与家长的观点不尽相同，但他们都一致认同专业道路的发展是大学的一个主要目标。然而，对于学生应当如何评估各种活动与经历的价值并对其进行优先排序，相关的结构支撑或指导非常少。通常，在作出选择并确定要从事的活动的优先排序时，学生都会以自己的职业兴趣为指导。学生需要学会如何兼顾业余课外兴趣与学业。此外，他们发现许多课外活动能提供有价值的技能与经验，这些是他们无法从课堂中获得，却对他们的职业计划至关重要的东西。

马克斯、安东尼和朱迪丝在平衡学业与课外兴趣时挣扎着想要管理好自己的时间。他们中的每个人最终都选择了与自己的职业目标关联最为紧密的兴趣，这在当他们为了拥抱某些事情而放弃某些事情时提供了安慰。马克斯意识到他忽视了自己对于摄影的热情，他的整个大一时光匆匆而逝，没能为摄影腾出时间。这对于他来说尤其令人沮丧，因为他在考虑从事摄影师职业。和康纳一样，他意识到自己必须有意探索这种热情，并抽出时间来磨练技艺。作为一名大二学生，他讲述了自己是如何做出改变以让自己有时间追求摄影的："从高四起，我参加了暗房课程，这确实让我对摄影产生了浓厚的兴趣。然而，当我来这里读大一时，我一点儿有关摄影的事情都没做。我时不时会想起这件事，但从未采取过任何行动。"

马克斯不得不离开校园，以便重新进行这项在进入大学之前对他意义重大的活动："去年夏天，我拍了很多。我去了科罗拉多州，花了很长时间在林间徒步，我只是喜欢这件事情。而且，我通常都会带上我的摄像机，这里拍拍，那里拍拍。"这段经历帮助他回想起自己有多么怀念拍照，回到校园后，他特意抽时间进行摄影："所以，今年我设法花了相当长的时间在暗房里处理去年暑假拍的一些照片。身处校园的时候，我没法进行太多实际的摄影工作，但这是一个我非常乐在其中的爱好。"

最终，马克斯总结道："有些事情比学习更重要。或者说，它并不一定更重要，但更诱人，能够给我一点空间。因此，从这种意义上，我会说，'好吧，我会尽量完成学业，但摄影是第一位的'。"马克斯总结说这是值得自己花时间去做的，他解释说："鉴于我想要成为一名摄影师，虽说我要在四五年后才会从事这一行，但只要有机会，我现在就可以去学习它的方方面面。"通过确认他没有很好地利用自己的时间——并且这导致他花费了额外的时间从事自己的兴趣并开辟可能的职业道路——他得以重新定义自己的目标。

与之相似的是，安东尼需要弄清如何在尝试新鲜事物的兴趣与跟上课业之间保持平衡。同马克斯类似，他利用大二的时间重新审视了来大学后被搁置一旁的兴趣。安东尼决定花时间参加表演——这是一个在他大一时被忽视的兴趣。他解释说，

> 去年，我没有在这里参演戏剧，我的说辞是："不，这是全新的一年。让我看看我还能做些什么。"不过，我

还是参加了一次戏剧演出，因为我的一个朋友是导演，他邀请我参演。然后我读了剧本，说："噢，好吧。真见鬼！"所以我就演了。有阵子我挺后悔的，那时候我会说："噢，看看我落下了多少功课。噢，我要挂科了。"但这部剧的效果非常棒，每个人都是这么和我说的。演出三天后就是假期，大多数人都离校了。我们在周四、周五和周六各有一场，共三晚表演，场场爆满。这太棒了。我对这次表演感到非常满意，因为我真的讨厌看到任何业余的东西。而且我真心感觉我们做到了半专业的效果，如果我可以这么说的话。因此，我真的很乐在其中，也得以结识了很多我曾经隐约认识但不太了解的人。

尽管安东尼为自己能够参与这场制作感到自豪，但他最终意识到这次参演影响了他的学业。他总结说："感觉挺好的。但我不会再演了——那部剧就是我的整个演艺生涯——它真的占用太多时间了。"安东尼不可能预见这种冲突。对他而言，要确认表演确实占用了太多时间，唯一的办法就是经历一场话剧演出。虽然安东尼在谈论这段经历时并没有明确地提及，但问题并不只是在表演与课业之间找到平衡。这也是一个设定他的优先事项的过程。

安东尼是校园内几个重要社团的一员，在志愿者项目中担任了领导角色，并参与了我们在第六章中提到的监狱教育项目。那些课外活动从未遭受与戏剧相同的命运。安东尼意识到，自己规划课外时间的方式需要与自身的职业兴趣更加紧密地联系起来。同马克斯一样，他必须决定如何最好地利用自身有限的时间。虽然他很享受表演，但对他而言，要为一项与其说并不符合未来目标，更不如说还令他偏离了手头事情的工作投入时间找到理由，是很难的，因此他在大三时就不再参演戏剧了。

终于，安东尼意识到自己愿意为监狱志愿项目做出权衡取舍，但不愿为表演做同样的事情。有时候，这种取舍意味着学业上的妥协。他解释说："事情有时候已经到了这样的地步，从某种意义上来说，学业被挤到了我的优先事项列表的底部，这在某种程度上令我感到困扰。"然而，他最终得出结论："我对自己正在做的事情感到很满意，所以我愿意做出这样的牺牲。"安东尼意识到自己的其他课外经历为他未来的职业生涯奠定了所希望的基础，这使得他能够调整自己的优先事项。

与上述案例相似，斯科特发现自己在戏剧与学业之间平衡着自己的时间。他描述了大一时在一部戏剧表演中面临的挑战："我当时真的没有时间去做这件事。"尽管他对表演怀有热情，但他此后再也没有回到剧院。当他回想起这些经历时，他总结说："我很高兴自己曾经参演过戏剧。"回顾往昔，他记起自己是如何寻找各种不同机会的："我想要去其他领域试试水。"同安东尼一样，斯科特没有料到表演会花费多少时间、将如何限制他尝试其他的机会。他需要亲身实践，以便决定是否值得去追求戏剧表演。和他的同龄人一样，后来他优先考虑了与自己的职业目标有更明确关联的活动。在这个过程中，他认识到这并不仅仅是自己是否有时间去做的问题，更是怎样分配时间才是最优解的问题。他在校园广播台做体育转播的经历是极其耗时的。事实上，据斯科特描述，他在广播台花费的时间几乎和在课业上花费的时间一样多。然而，由于他正在考虑将广播作为一项潜在的职业选择，他因而看到了优先考虑这项活动的好处。和安东尼一样，他意识到自己必须对自己的承诺事项进行优先排序，而那些与长期职业目标关系最密切的事项将不可避免地胜出。

作出决定，克服挫折与障碍

很多学生在进入大学时都认为自己知道自己想要学些什么，并对未来有着清晰的愿景。无论是明确的专业及课外经历，还是为走上自己的道路做好准备的专业预科，他们对这些通路都有着很好的认识。对于这些学生来说，当时间前进时，他们也随之前进。然而，通路是可能会改变的。接触新思想、新人、新的学术主题与新的职业道路，可能促使这些学生重新考虑他们的目标，决定是继续留在原本的轨道上，还是寻找更值得努力的方向。为了考虑这些选项，学生需要时间来反思这些经历，确定其中的含义，并将其应用到自己的人生目标上。

其他学生在进入大学的时候并不确定自己对未来有着怎样的愿景，他们愿意探索多种道路。其中一些学生发现了清晰的轨道，而另一些学生则挣扎着想要确认自己的路径或克服一路上遇到的障碍。他们同样需要时间来进行探索，测试对未来的不同愿景，并尝试不同的研究生生活。

还有一些学生感受到了作出决定和推迟研究生学业的巨大压力，因为他们想要更多的时间来探索并作出决定。产生想要腾出时间与空间以重整旗鼓的愿望，是他们对于自己被困在一条尚未确定是否正确的轨道上的感觉所做出的反应。在进入研究生院前，卡尔希望能获得更多信息与人生经验："我发现自己耗费了十七年左右的时间，除了上学什么也没做。所以，我很不乐意就这样去读研究生。

明年我就是不想再读书了。"他想知道自己是否已经进行了足够的探索来进行明智的选择。马克斯一直计划攻读化学学位，但他突然开始质疑这个计划，感觉自己没法下定决心攻读研究生："除非我可以离开这里一段时间。不过，我不确定现在是否愿意承诺再去研究生院读两年、三年，或者不知道多少年。我想，我还有两年零一个月的时间，所以我仍会到处看看，希望在大四结束时，我会有更具体的想法。而且，如果届时我有了足够具体的想法的话，那么研究生院就会是一个正确的选择。"他觉得自己需要时间来对所选择的道路进行确认，并指出："我只是想要知道自己前进的方向，我想休息一段时间，也许找个工作，做点什么我可能感兴趣的事情，并且能够放松下来，阅读取乐。"

　　许多学生尽管渴望在大学期间确定自己的职业道路，但却并没能遂愿。对于一些人来说，他们是刻意不去作出决断。比如，德博拉认为自己没有必要在本科时期走上职业道路。在讨论生物与化学道路的可能性时，她总结说："好吧，我想你并不一定要在本科教育阶段对自己承诺太多。当然了，光有一个学士学位你也做不了什么事情。不过，我只是想要知道自己前进的方向，而且我想休息一段时间，能够做一些工作，做一些我或许会感兴趣的事情，能放轻松些，读书消遣，而不是读教科书之类的，让我的心灵肆意驰骋，看看会有什么灵光乍现。"[*]和德博拉类似，伊莱恩决定离开学术环境，她需要休息几年。她不想踏上从大学本科直通研究生院的老路，而是决定先工作，指出："我正在进行申请工作。我想成为一名心理健

---

[*] 此处与前段马克斯的访谈内容存在语句重复，疑似转录文本出现混淆，故采取了不太一样的译法。——译者注

康工作者，所以我一直都在为之努力。我想我会在大约两三年内进入研究生院。"一份工作不仅会给她带来在学习中喘息的机会，在她看来，这也是在开始下一阶段的培训前决定自己究竟想要从事何种工作的一个方式。她解释说自己需要弄清楚要走哪条道路："可能会是临床，不过我也有可能去从事社会工作或指导咨询之类的工作。"她希望自己能够在读研究生前作出决断，这样她就能够立即投入进去并接受直接支持自己目标的训练。

与德博拉与伊莱恩类似，但稍有些无心插柳的是，弗兰克也权衡了自己对于未来的选择，并决定暂时离开校园一段时间。他对于直接前往研究生院感到担忧，总结道："不难想象，我将会处于某种原地踏步的情况。"这是因为他尚不能决定自己想要做什么。迈克将研究生院视为在自己的领域内进行专业研究的地方，而他并没有完全为此做好准备。为了平衡这种担忧，他找到了一种折中方案："所以，我真的不知道。我猜我可能会去读人格心理学研究生，而不是临床心理学，因为这样我就可能选择走任何一条路了。"

尽管结果相似，都是选择攻读研究生，但对于斯科特、吉迪恩与加里来说，他们参与研究生学习的目标不尽相同。他们将研究生学习视作一种继续探索的手段，正如斯科特所解释的那样：

> 我想攻读古典学研究生。这还是一个不成熟的设想。但，就算是一种假设的情况吧：我想去英国读研究生，要么去牛津，要么去剑桥。我可能想要攻读一个学位，这需要三年的时间。我可以预见这可能会产生两种结果。随后，除非发生了重大变故，我认为我会在之后进入法学院。不过，我想在此之前先读一读研究生。并不是为

了教书，只是为了体验研究生院是什么感觉。我想，基本上来说，我可能并没有做好在这里读四年后直接进入法学院的准备。我想要推迟与命运的邂逅。

无独有偶，吉迪恩认为继续读研究生可以解决自己犹豫不决的问题。他解释道："我不知道毕业后自己要做什么。用最简单的方式来表达就是这样。明年，我可能会决定攻读生物学硕士学位。生物学院为我提供了一个这样做的机会。"

有些人没有选择通过一般途径进入研究生院或获得奖学金项目，而是通过走上法学院这一"安全"道路来推迟职业道路的抉择。法学院可以满足多项职业目标的要求，它提供了一定的高薪资保障，也带来了让学生感到成功所需的声望。然而，当其成为所谓的"默认"路径时，它并不能契合个人的目标感。加里描述了自己与某位朋友就这个话题产生的对话。他说："我猜这肯定发生在他大四的时候，我想他本来是要去法学院的，但他并不真的知道自己想要做什么。他并没有详细说明，我也没有和他就这个话题聊得太久。挺有意思的。本来你会觉得这个人进入了法学院，那么他一定会成为一名律师，然而显然并非如此。商学院也一样，毕业以后可能做任何事情，也可能不行。"

迪伦也看到了类似的模式。他说：

事情似乎是这样的，当我和人们谈起法学院的时候，他们都觉得，法学院似乎对很多文科专业的人来说是一种逃避。我是说，不管你拿到了何种类目的文科学位，它都似乎是你能够追求的唯一一条路。我是说，他们申请法学院的理由是什么？对我而言，抱着这样的心态去上法学院是很难的。我会——如果我要上法学院，那我先得想要成为一名律师才行，而且这必须是我去那里的主要原因。然而，我所看到的我周围这么多人，他们去法学院的原因似乎就是他们看不到任何其他的可能性。

他接着说道："因此，你就会开始审视自己，自问：'好吧，我是一直都想成为一名律师吗？'我是一直都想这么做，还是只是因为我在试图避免作出选择、走进社会，继续研究心理学或者从事其他工作——只是接受某份居于人下的工作或者诸如此类的事情？'"

为学生提供时间与时间规划的灵活性，并帮助他们管理时间压力，能够令他们的目标与计划具体化。加里偶然间遇到一名前音乐系的学生，这名学生毕业于自身并不感兴趣的物理学专业，并在刚刚毕业时按部就班地前去科学博物馆工作，这段经历引发了加里的反思。这并不是一条具有逻辑性的道路，甚至也不是那么有计划性。不过，在梳理了该学生在其职业生涯中所经历的各个阶段后，加里还是受到了这名学生的启发："他曾有一段时间在一所高中授课，而现在他正在参加一些拓展课程，以便报考医学院。"他最终意识到了在自己与同龄人所接收到的有关尽早步入专业化且贯彻到底的观点中存在的一些问题，并得出结论："那并不正确。"这些例子令加里相信，他能够在短期内作出一些决定，而这些决定并不会让他失去未来的机会。这给他带来了自由，让他在继续思考"什么是能带来满足感且属于他的职业道路"的过程中，当面对不断涌现的探索机会时，能够随心地去探索。正如身份认知的发展是一个终身的过程，塑造和重塑一个人的职业道路也是有可能发生变化的。不幸的是，能够分享这些洞见的学生少之又少，而在大学中作出选择的压力则变得越来越重要。

即使撇开个人为了弄清自己的道路与计划所需的时间，当学生经历如第六章所描述的重大障碍与挫折的时候，大学生活的结构性特点令其很难提供让他们得以重整旗鼓、改弦更张的灵活性。雷蒙德和卡尔都有着一些改变人生的经历，这些经历激发了一种目标感，让他们计划申请医学院，然而他们发现课程安排缺少灵活性，无法为申请所需课程挪出时间。安东尼和朱迪丝在完成课程论文的过程中都经历了重大挫折，不得不在自己的课业与职责之外消化自己的创伤经历，与此同时还要实现自己所有的目标。如果能拥有更多的时间，与他们类似的学生或许能从中获益。通过一个学士后协会，安东尼获得了更多时间。

关上更多时间的大门

很多时候，学生描述的大学似乎只是"大逃杀"中的又一个组成部分而已——只是在走向职业人生巅峰的道路上漫长的"待办事项"清单中某个需要打卡的里程碑。当他们意识到自己没能完全弄清事情时，就会感到一时恐慌。他们本应该知道如何创造自己所需的时间，用来为自己想要的人生方向作出重要的选择。然而，要做到这一点，他们需要帮助。学生请求更多时间，请求将时间用于不同用途，这都说明延长时间对于年轻人而言至关重要。这并不是说学生只是简单地需要更多的时间，他们渴求的是时间分配的灵活性，渴求的是在弄清如何管理时间压力时获得帮助，只有这样，他们才能充分利用成年早期这段发展阶段。

学生应当被鼓励在大学早期开阔自己的视野，但他们需要更多的支持与更多的时间，从而系统地、有意义地从最广泛的各类机会转向逐渐缩小的选项范围，直到他们有能力作出明智的职业与人生选择。学校的课程安排不应该仅限于一系列通识教育课程与学生独立选择的专业课程，它应当以更好的方式被规划，以更好地指导学生深思熟虑地进入学习领域与离开学习领域，直到他们做好专业化的准备。然而，这还不够。只有为学生提供了进行深刻反思的时间与机会，他们才能作出关乎未来的明智选择，并真正地从晚熟中获益。

第八章

结束青春期，拥抱成年期

当我们开始这项研究时，我们想知道20世纪70年代的学生与Z世代的学生是否有任何共同点。在我们这些失落的访谈宝库中，二者之间出现了令人惊讶的相似之处。两代人对于面前的旅程都经历了同样的兴奋感；当他们在家乡之外寻找容身之处时，感受到了同样的孤独与不确定感；对于要对未来作出正确的决定，他们同样感到焦虑；对于指导，也有着同样的需求。重要的是，两代人都推迟了进入成年期的时间。这些相似之处在昨日的年轻人与今日的年轻人之间架起了桥梁，为理解成长的过程提供了新颖的见解。

在这些访谈资料中，我们发现推迟成年并不是当今年轻人独有的现象。以同21世纪的学生类似的方式，20世纪70年代的学生也推迟了向成年期的过渡。正如佩里最初的研究中证明的那样，这些相似之处可以追溯到20世纪60年代的大学生，也可以追溯到19世纪末至一战前成年的年轻人。尽管社会文化发生了剧变，但向成年期过渡的标志并未改变，包括离家、完成学业、就业、建立亲密关系，以及成为父母（Schulenberg and Schoon, 2012; Shanahan, 2000）。年轻人仍然将这些视为成年的标志。对于我们的研究中的学生们来说，进入大学让他们得以推迟成年期，更好地为动荡的经济做好准备，并将目标与意义融入自己的职业与生活之中。

无论对于哪一代人来说，青春期都是童年期与成年期之间的必要时期，在此期间，年轻人们将弄清自己应当成为什么样的人，以及怎样以富有成效的方式融入社会。所有年轻人都需要时间来向自己提出问题，自己解答问题。成年期的推迟与他们在就业市场上获取成功的能力具有关联性。在 20 世纪中叶，战后繁荣的经济让找到一份薪资足以糊口的工作变得更容易，《退伍军人权利法案》等政府计划为许多退伍军人获得教育、工作与抵押贷款铺平了道路（US Department of Defense，2019）。有了住房与财务保障，许多人得以结婚、养家，从而快速地达成成年的五个标志（Settersten and Ray，2010）。这种通往成年期的简化路径被视为一种常态，尽管它仅适用于二战后的美国，彼时低技能和半技能岗位与工会工业岗位让年轻人可以凭借高中文凭进入成年期，跻身中产阶层。

如今，与战前类似，人们需要更长的时间才能长大成人并达成成年期的标志，特别是与经济相关的标志。如今的经济因素更为复杂，需要大量的技术与社会情感技能（Deming，2017；Porter and Rivkin，2015）。20 世纪 70 年代初，同样充满了挑战：越南战争、持续不断的民权斗争、政治动荡、燃油价格上涨与持续的通货膨胀，以及居高不下的失业率。在 20 世纪 70 年代初成年，与当今并无太大不同。正如第一章中所说，这两个时代的相同之处就是，那些有机会与特权进入大学的人拥有时间与空间来为成功过渡到成年期做好准备。大学时光为他们提供了延长的青春期与推迟的成年期。

成年期的推迟通常被视为由复杂的社会经济条件或年轻人的冷漠造成的负面结果。然而，它也与一系列正面结果具有相关性，包括更健康的身心、更高的终身收入与更高的整体生活满意度（Stainberg，2014）。我们的研究中的年轻人承担了在日益全球化、流动与知识型经济中取得成功所需的四项基本任务。这其中包括：在与家乡分离的同时保持与其的深厚联系；寻找家庭以外的社群；拓展世界观，并理解自身在其中的位置；根据自己的技能、兴趣与性格选择职业。我们观察着他们在这个过程如何应对，证实了成年期的推迟并非一种轻率的"待机模式"。相反，它为重要发展工作得以进行创造了情境。年轻人需要更多时间，才能成功地过渡到成年期。

神经科学为成年期的延迟提供了进一步的支持，据研究，大脑将持续发育至 20 岁中期（Petanjek et al.，2011）。控制自我调节、动机与情绪调节的大脑功能在成年后仍会继续发展（Casey et al.，2010）。由于青春期后期与成年期早期恰好处于大脑可塑性增强的时期，我们因而有了独特的机会对大脑进行塑造，使得年轻人能够很好地适应他们成年后的生活环境。大脑的发育并不是孤立的，它需要的不仅仅是时间。大脑是"体验预期式"的，这意味着当我们暴露在有足够刺激的环境之中时，大脑处于最佳发育时机（Hohnen and Murphy，2016；Nowarkowki，2006）。此外，在青春期与成年早期提供刺激性的环境，包括接触新颖并具有认知挑战性的情境，能够延长大脑的发展期，并带来显著的认知优势，提高成年后利用新经验与环境的能力（cf. Steinberg，2014）。年轻人需要时间与空间，以在充满挑战但具有支持性的环境中承担风险并解决问题。随着大脑发育的放缓，它会变得更加高效，专注于其发展所围绕的各种认知活动，思考与融入个人环境的模式因此得以固定下来。

如果我们的社会希望当今的年轻人能够创造性地解决问题，进行灵活的决策，将技能从一项工作应用到另一项工作，并适应多种生活转变，那么他们成长的环境需要为他们提供机会，让他们发展出得以做到这些事情的性格。为年轻人提供这些机会，能够让他们发展认知灵活性和心理功能性，当他们接手这个社会时，这是他们在其中获得成功并反过来有效改善这个社会所必须具备的。

为何大学是进行这种发展的主要场所？

数代以来，大学院校一直以来都是延长的青春期与推迟的成年期的发生之地。正如第一章中所指出的，在每一代人中，接受过大学教育的人结婚的时间都比较晚，职业生涯开始的时间比较晚，经济独立的时间比较晚，为人父母的时间也比较晚。那些在高中毕业后进入大学的人，几乎注定会推迟成年，也会花时间来拓宽视野，增加机会，并将自己的目标与职业结合起来。

虽然大学校园通常来说是最有可能提供这种必要过渡的场所，但我们仍会错失支持学生发展的机会，关于学生真正需要的是什么的信息也很自相矛盾。第一，我们发现大学与家长过分注重学业学习，而这只是年轻人从青春期过渡至成年期所需的一小部分。提供发展所需的重要情境的，不仅仅是课业。社交与课外活动经验也同等重要。第二，大学校园有可能提供与来自多元文化、民族与经济背景的人们交往的无与伦比的社会体验，这将为年轻人应对多元化全球经济做好准备。然而，许多大学并未明确设计利用共同活动加深学生与来自不同背景的人们建立联系的课程项目。第三，虽然大学拓宽了学生的视野，增加了学生的机会，但却几乎没有帮助学生缩小可能性范围，以找到一条让人觉得有意义、有目标感的令人满意的道路。第四，考虑到大量的学生希望有时间进行反思、评估与重新聚焦，大学本可以调整结构，以便让学生拥有这种时间且不会因此掉队，或让暂停学业与重回课堂变得更简单。这种利用时间与反思的灵活性应当存在于大学之中，而不是大学之外。尽管存在上述这些不足，但年轻人最有可能在大学中体验到推迟的成年期的好处。

从历史上看，拥有更具优势的社会经济背景的年轻人都会接受大学教育，并能获得那些得以延长自己青春期的人们所能享受到的保护。那些没有机会进入大学的学生，不仅被剥夺了拓宽世界观、增加机会与挑战原有思维方式的时间机遇与情境机缘，也未获得在步入成年期之前试错、挑战潜能与培养思维习惯时的保护。这种保护与从错误中学习的能力在延长的青春期阶段中至关重要，而在大学校园之外，年轻人会因为自己的错误而遭受更严重的后果，在大学中被视为学习机会的小过失只会削减他们的机会。我们让 18 岁的年轻人早早步入成熟，却剥夺了他们在延长的青春期中的发展潜能。

在过去的数十年间，在只有一小部分年轻人通过大学中延长的青春期来获取知识经验与培训的情况下，我们的社会就可以正常运转。如今，为了获得经济成功，更多的年轻人需要有机会发展社会情感技能、自我调节能力、创造性思维、认知灵活性与解决问题的能力（Deming，2017）。因此，与之前几代人相比，现如今有更多的年轻人渴望上大学，并进入了大学（Goldin and Katz，2008）。在 20 世纪 70 年代，有 8% 的女性与 14% 的男性接受了大学教育（Synder，1993）。到了 2016 年，大部分（69.7%）16—24 岁的高中毕业生被直接录取进入了大学（US Bureau of Labor Statistics，2016）。这些数据告诉我们，更多的年轻人要么追求大学提供的文凭证书，以便在进入就业市场时占据有利位置，要么正在寻求拓宽世界观，进而丰富自己的思想与生活。

对于那些能够进入住宿制大学的学生来说，他们有可能尝试达成职业与非学业目标。在这个过程中，通过与经济、社会情感及心理健康相关的方式，他们获得了延迟向成年期过渡的好处（Institute of Medicine and National Research Council Report，2014）。然而，对于大多数年轻人来说，大学是以非全日制学习、校园通勤与在线教育的碎片形式出现的，有可能导致无法获得学位。这些后果结合起来，削弱了他们充分体验大学中众多非学业优势的能力。虽然学生可以在住宿制大学之外学习课程内容知识，但他们需要丰富的校园生活来培养认知灵活性与思维习惯，为面对复杂的全球格局做好准备。由此产生的不平等可能会对年轻人的未来生活与整个社会产生长期影响。虽然从历史上来说，大学的环境更适合提供这些技能，但这并不意味着它是唯一一个培养这些技能的地方。在大学之外，我们必须找到一种方法，让学生无论是在实体教室中，还是在虚拟教室中，都能获得其中一些机会。

延伸至大学之外的情境

为了造福社会，也为了让自己受益，那些没有机会接受大学教育的人们需要时间与机会来获得推迟成年期的好处。在我们的社会中，有一些政策承认向成熟与担当的过渡需要更长时间。鉴于我们对青春期大脑发育与成瘾的了解，年轻人在 21 岁之前都不得饮酒、购买香烟或电子烟。我们设有毕业生驾驶执照计划，可以为年轻司机规划适应其不断增长的认知水平的驾驶培训；汽车租赁公司通常不会将车租给 21 岁以下的年轻驾驶者，并对 25 岁以下的年轻驾驶者实施限制。在其他政策中，年轻人往往会指出其中自相矛盾的信息，以强调我们对他们的需求的理解存在不一致之处：青年可以在18岁时参军入伍。许多儿童福利往往在青年满18岁时戛然而止，不再提供进一步的支持，尽管我们知道很多人都很难做好准备独自成功过渡到成年期（National Academies of Sciences，2019）。虽然某些政策可以为寄养系统中18岁以上的年轻人提供资金支持〔如查菲寄养独立计划（Chafee Foster Care Independence Program）〕，但它们仍然无法提供成功过渡到成年期所需的保护与机会。

在将成年早期视为病态，且默认青年进入成熟期耗时过长这样的背景下，初高中学校被施加了自上而下的压力，鼓励学生在真正做好准备之前就开始学习大学预科课程。虽然这在一定程度上解决了掌握更多技能的需求，但它并不符合学生更广泛的发展需求。这些举措试图加速发展的进程，帮助学生在人生中提前达成成就标志，而不是为发展提供必要的时间与经验。过渡到成年期需要更长的时间，我们不能快进略过这段重要时期。恰恰相反，我们应该认识到给予年轻人成长、步入成年期的时间，最终会让他们受益，也将使整个社会受益。

方法附录

20 世纪中叶大学经历研究：原始研究设计

1953 年，BSC 创始人兼主任威廉·佩里博士设计了一项纵向研究，追踪学生在四年传统住宿制大学中的经历轨迹。研究的目标是发展出一套关于大学生发展的理论，为该领域支持与理解成年早期提供指导。研究团队邀请了 1958 届的 55 名学生参加访谈，从大一至大四每年一次。学生参与研究并未获得任何报酬。

受邀学生中，有 31 名学生参与了 1958 届研究（56%）。样本中包括 27 名男性（84%）与 4 名女性（13%）。在研究期间，这些学生中有 17 人参与了全部四次访谈（55%），有 14 人至少参与了一次访谈（45%），最终完整数据集中包含 98 次访谈。

第二轮数据采集来自 1962 届与 1963 届学生，这两届学生中有 154 名被随机抽取受邀参与研究项目。受邀学生中有 109 人实际参与了研究（71%）；其中 67 人在四年中均参与了访谈（61%）。在研究期间，共计进行了 366 次访谈，参与者中有 85 名男性（78%）和 24 名女性（22%）。值得注意的是，在 1962 届与 1963 届的数据中，

24 名女性学生中只有两人的数据被纳入分析。对于为何将余下 22 名女性排除在外，并没有作出任何解释。

访谈的议程中只包含一个问题："今年最让你印象深刻的事情是什么？"随后的谈话持续 40—80 分钟，重点涵盖从大学日常生活琐事至改变学生人生轨迹的戏剧性遭遇等话题。所有的访谈均由 BSC 工作人员转录，以供后续分析。

在分析的过程中，研究团队设计了一个评级方案，根据对访谈的评估来预估学生的发展。该模型随后在 10 名 1958 届学生与 10 名 1962 届和 1963 届学生样本上进行了测试。该样本获得了 0.815—0.978 的交互评价稳定性，从而得出结论，即该模型能够准确反映长达十年的研究中所有 464 名学生的经历。该项研究的结论发表于佩里（1968）的《大学时期道德与智力的发展形式：方案》一书中。该书成了教育领域的一个开创性贡献，对于我们理解大学生的道德与智力发展起到了核心作用。尽管这项研究在该领域影响深远，但原始研究人员及其后来的批评者对于参与者的选择过程与样本缺乏多样性的事实表达了忧虑。

20 世纪 60 年代发生了剧烈的文化与政治转变，这与当今不断变化的社会政治格局并无不同。在这样的背景下，佩里怀疑大学生的生活发生了一些实质性的变化。他与其团队得出的结论是，最初的方案可能已经失去了时效性，不再适用。考虑到美国民权运动、对妇女解放的推动与席卷全国的校园抗议浪潮，他们决定复制自己的研究，对方案进行更新，以反映 20 世纪 70 年代的大学生经历的变化。研究团队的成员每天以 BSC 咨询师的身份与大学生共同工作，基于亲身体验，他们相信大学生的经历确实发生了变化。当时，他们注意到，原始研究反映的是在二战阴影下学生对于人生的思考。

可以理解的是，他们认为在越南战争背景下成长的年轻人对世界会有截然不同的看法。学校本身也正在经历转变的过程，这体现了国家发生的变化。在 1969 年，哈佛大学校园爆发了大规模的学生抗议活动，非裔美国人研究科系在同年成立，男女混合宿舍于 1970 年引入。

为了验证他们的假说，佩里的团队两次重复该研究，一次由 1975 届（1971—1975 年）学生参与，一次由 1979 届（1975—1979 年）学生参与。在设计新阶段的研究时，为了回应对原始研究的批评，该团队选择了多样化的学生样本，并确保他们更能反映整个学生群体。为了实现这一目标，他们考虑了下列因素：（1）SAT 语言与数学分数分布；（2）拟学习的领域；（3）预测的班级排名；（4）就读中学类型；（5）生源地；（6）性别；（7）奖学金申请情况，作为学生经济需求的代表。

经过两年的筹划，数据收集工作于 1971—1979 年间进行。随后，数据分析在 1979—1980 年间进行。在 1980 年撰写面谈记录与总结报告时，该团队记录了他们的惊讶之情，因为他们的原始理论类别都不需要进行更新。事实上，尽管所有的表面现象都大相径庭，但他们无法记录下学生道德与智力发展相较于 1954—1963 年间收集的数据有任何变化之处。在意识到研究结果无效时，恰逢佩里办理退休，1971—1979 年间的研究被放弃了。数百份录音与咨询笔记被转移至 BSC 办公室的某个阁楼房间中储存，被遗忘了近半个世纪。虽然佩里及其团队对于这些无效结果不感兴趣，但它们却正映射了我们研究中最重要的结论，即数代以来，并没有发生什么变化。

发现资料与获得许可

我们是在 2015 年发现这些珍贵的研究资料的，当时我们正在为某个与之无关的 BSC 研究项目对 20 世纪 40 年代与 50 年代的临床访谈档案进行编目。我们花了数月的时间查阅了佩里的个人信件往来与 BSC 会议记录，也同参加过该项目的原工作人员进行了讨论，得以确认这些新发现的数据来自该项目 1971—1979 年阶段的工作。尽管几乎所有人都遗忘了这项长达十年的努力——这项研究确实只是公开文件中的一个脚注——但我们证实了在被放弃之前，这项研究曾经被精心策划并执行过，它为进一步分析提供了一个重要的机会。BSC 时任主任授予了我们对这些资料的独家使用权。

数据选择

我们的研究重点是对参加 1975 届研究的学生的访谈进行分析。相较于该项目中的 1979 届学生，这组学生的资料更为完整，记录也较完善。

研究人员邀请了哈佛大学与拉德克利夫学院 1975 届 1561 名学生中的 152 人（10%）参与了这部分研究。受邀学生中有 86 人（57%）参加了至少一次访谈。共有 20 名（23%）学生参与了四年学习生涯中的所有年度访谈。大多数学生各参加了 2—3 次访谈。

66 名男性学生（77%）与 20 名女性学生（23%）参加原始研究，这准确反映了 1975 届学生整体的性别分布（78.7% vs. 21.3%）。这些学生代表了全美 50 个州、哥伦比亚特区与非美籍学生；在学生总数中，生源最集中的地理区域为马萨诸塞州（17%）与纽约州（20%）。1975 届学生中有 67% 就读于公立学校，33% 就读于私立院校，这与整体学生群体的教育分布情况非常接近。在原始抽样计算中，种族与族裔并未被明确考量，但内部通信反映了研究者一直努力确保该研究涵盖非裔美国学生与国际学生的声音。

研究抽样

我们的研究将重点放在 1975 届 30 名学生的子样本中。这些学生占研究总人数的 35%。该样本包含 7 名女性（23%）与 23 名男性（77%），非常接近该届学生的整体性别分布（21.3% vs. 78.7%）。

我们纳入了参与了所有四年间年度访谈（80 场）的全部 20 名学生。此外，我们纳入了来自额外 10 名学生的 24 场访谈，以展现更为广泛的学生经历。这些额外的学生每人至少各参与了 2—3 场访谈，包括新生访谈与大四访谈，让我们能够记录整个大学过程中的变化曲线。总体来说，我们样本中的学生参加了总共 104 次访谈，每次持续 40—80 分钟。

数字化流程

在获得了佩里文档的使用许可后，我们对 1975 届研究的原始资料进行了数字化与存档。存档资料中还包括佩里博士关于该项目的通信、抽样策略与计算、研究会议记录与讲义、阶段性状态报告、学生与资助者的原始通信、研究备忘录以及签署的同意书。

学生访谈最初由卷对卷磁带记录，因此必须经过修复并转换成数字文件格式。随后，这些音频记录被提交给专业转录服务机构进行逐字转录。

我们还找到了访谈员在每次访谈结束后立即撰写的摘要笔记。我们对这些材料进行了数字化处理，但直到完成了编码过程之后才进行了阅读，这样它们就不会影响我们对数据的解读。

此外，1975 届毕业生年鉴、每五年出版一次的校友报告（1980—2015 年）以及当年校报上的文章信息也被作为补充资料加入其中。

分析

我们使用了扎根理论研究方法来分析我们的数据（Glaser，1998；Glaser and Strauss，1967）。首先，我们对 80 份原始转录文本中的 40 份（每学年 10 份）进行了开放编码分析，并确认了 54 个编码（Glaser and Strauss，1967）。在记录备忘录并完成讨论之后，我们采用了主轴编码识别这些编码之间的关联，并发展出 15 个概念性分类（Strauss and Corbin，1998）。这些分类为：（1）希望与梦想；（2）身份认知探索；（3）转变节点；（4）价值观；（5）社会关系；（6）归属感与孤独感；（7）家庭动态；（8）家乡生活；（9）目标感；（10）主修专业选择；（11）毕业后的目标；（12）转折点；（13）韧性；（14）个人转变；（15）多元观点。随后，我们制定了一个详尽的编码手册，其中涵盖了每个编码的定义、应用规则和排除情况的案例描述（Byatzis，1998）。

我们使用了分析软件 Dedoose，使用同一组转录文本测试编码方案，以确保其适应性、相关性、可操作性与可修改性（Glaser，1977，1998）。经讨论，我们优化了编码方案，并分析了余下的 40份转录文本。后来，在添加了额外的 24 份转录文本后，我们重复了分析的过程。通过讨论与辩论，我们将编码手册中的概念性分类进一步优化，作为本书章节主题。

我们还从 20 名参与了所有四次年度访谈的学生中选出了 8 名潜在的焦点学生，按照时间顺序单独听取了这些学生的各自四份年度访谈录音，以构建每名参与者的完整叙事弧线，并观察他们在这段时间内的变化与为了应对特定挑战而做出的改变。我们讨论了这些学生的情况，选出了 5 名其叙述最能提供多样化经历与视角的学生作为本书的焦点学生进行叙述。

知情同意

作为原始研究的一部分，所有参与者都签署了一份同意书，允许未来的任何出版物使用他们的访谈记录。我们获得了本书中所有学生签署的同意书，并获得了时任 BSC 主任的额外许可，可以在本书中使用转录文本。

去识别化

所有学生参与者均为化名，并且在相关情况中更改了其身份信息，以保护其隐私。

关于语言

所有学生的发言都会被逐字记录，并进行细微编辑，以消除口吃、重复用词与干扰其思想逻辑的无意识停顿。

参考文献

Abbey, A., Abramis, D. J., and Caplan, R. D. (1985). Effects of different sources of social support and social conflict on emotional well-being. *Basic and Applied Social Psychology*, 6, 111–129.

Ahn, S., Jung, S. H., Jang, S. H., Du, X., Le, B. H., Rhee, E., and Lee, S. M. (2014). Planned happenstance skills and occupational identity status in high school students. *The Career Development Quarterly*, 63, 31–43.

Ainsworth, M. D. (1989). Attachment beyond infancy. *American Psychologist*, 44, 709–716.

Altman, I., and Low, S. M. (1992). *Place attachment, human behavior and environment: Advances in theory and research.* New York: Plenum.

American College Health Association. (2018). *American. College Health Association-National College Health Assessment II: Reference group executive summary.* Silver Spring, MD: American College Health Association.

Aquilino, W. (2006). Family relationships and support systems in emerging adulthood. In J. J. Arnett and J. L. Tanner (Eds.), *Emerging adults in America: Coming of age in the 21st century* (pp. 193–217). American Psychological Association.

Arensdorf, J., and Naylor-Tincknell, J. (2016). Beyond the traditional retention data: A qualitative study of the social benefits of living learning communities. *Learning Communities Research and Practice*, 4(1), Article 4.

Aristotle. (350 B. C.). *Rhetoric* (W. Rhys Roberts, Trans.), http://classics.

mit.edu/Aristotle/rhetoric.i.i.html.

Arnett, J. J. (2004). *Emerging adulthood: The winding road from the late teens through the twenties.* New York: Oxford University Press.

Asher, S. R., and Weeks, M. S. (2011). *Social relationships, academic engagement, and well-being in college: Findings from the Duke social relationships project.* https://sites.duke.edu/dsrp/files/2011/10/DSRP-Report-FINALrev1.pdf.

Astin, A. W. (1993). *What matters in college? Four critical years revisited.* San Francisco: Josey-Bass.

Auerbach, R. P., Mortier, P., Bruffaerts, R., Alonso, J., Benjet, C., Cuijpers, P., Demyttenaere, K., Ebert, D. D., Green, J. G., Hasking, P., Murray, E., Nock, M. K., Pinder-Amaker, S., Sampson, N. A., Stein, D. J., Vilagut, G., Zaslavsky, A. M., Kessler R. C., and WHO WMH-ICS Collaborators. (2018). WHO World Mental Health Surveys International College Student Project: Prevalence and distribution of mental disorders. *Journal of Abnormal Psychology*, 127(7), 623–638.

Baxter-Magolda, M. (2001). *Making their own way: Narratives for transforming higher education to promote self-development.* Sterling, VA: Stylus.

Belsky, J., Jaffee, S., Hsieh, K., and Silva, P. (2001). Childrearing antecedents of intergenerational relations in young adulthood: A prospective study. *Developmental Psychology*, 37, 801–814.

Benson, J., and Furstenberg, F. F, Jr. (2007). Entry into adulthood: Are adult role transitions meaningful markers of adult identity? *Advances in Life Course Research*, 11, 199–224.

Bohn, J., Holmann, J., Luhmann, M., Kock T., and Eid, M. (2019). Attachment to parents and well-being after high school graduation: A study using self- and parent ratings. *Journal of Happiness Studies: An Interdisciplinary Forum on Subjective Well-Being*, 21(7), 2493–2525.

Bosch, L. A., Segrin, C., and Curran, M. A. (2012). Identity style during the transition to adulthood: The role of family communication patterns, perceived support, and affect. *Identity: An International Journal of Theory & Research*, 12(4).

Bosma, H. A., and Kunnen, E. S. (2001). Determinants and mechanisms in ego identity development: A review and synthesis. *Developmental Review*, 21, 39–66.

Bowen, M. (1976). Theory in practice of psychotherapy. In P. G. Guerin (Ed.), *Family therapy*, 337–388. New York: Gardner Press.

Boyatzis, R. E. (1998). *Transforming qualitative information: Thematic analysis and code development*. Thousand Oaks, CA: Sage Publishing.

Bronk, K. C., Hill, P. L., Lapsley, D. K., Talib, T. L., and Finch, H. (2009). Purpose, hope, and life satisfaction in three age groups. *Journal of Positive Psychology*, 4(6), 500–510.

Brzezinska, A. I. (2013). Becoming an adult: Contexts of identity development [Editorial]. *Polish Psychological Bulletin*, 44(3), 239–244.

Brzezinska, A. I., and Piotrowski, K. (2013). Identity and markers of adulthood: The relation between two constructs. *Polish Psychological Bulletin*, 44(3), 254–265.

Buote, V. M., Pancer, M. S., Pratt, M. W., Adams, G., Birnie-Lefcovitch, S., Polivy, J., and Wintre, M. G. (2007). The importance of friends: Friendship and adjustment among 1st-year university students. *Journal of Adolescent Research*, 22(6), 665–689.

Caprara, G. V., Barbaranelli, C., Pastorelli, C., and Cervone, D. (2004). The contribution of self-efficacy beliefs to psychosocial outcomes in adolescence: Predicting beyond global dispositional tendencies. *Personality and Individual Differences*, 37, 751–763.

Caron, S. L., and Moskey, E. G. (2002). Changes over time in teenage sexual relationships: Comparing the high school class of 1950, 1975, and 2000. *Adolescence*, 37(147), 515–526.

Carstensen, L. L. (1992). Social and emotional patterns in adulthood: Support for socioemotional selectivity theory. *Psychology and Aging*, 7, 331–338.

Casey, B. J., Jones, R. M., Levita, L., Libby, V., Pattwell, S. S., Ruberry, E. J., Soliman, F., and Somerville, L. H. (2010). The storm and stress of adolescence: Insights from human imaging and mouse genetics. *Developmental Psychobiology*, 52(3), 225–235.

Chambliss, D. F., and Takacs, C. G. (2014). *How college works.* Cambridge, MA: Harvard University Press.

Chickering, A. W., and Reisser, L. (1993). *Education and identity.* (2nd ed.). San Francisco: Jossey-Bass.

Chow, K., and Healey, M. (2008). Place attachment and place identity: First-year undergraduate making the transition from home to university. *Journal of Environmental Psychology*, 28, 362–372.

Cicognani, E., Menezes, I., and Nata, G. (2011). University students' sense of belonging to the hometown: The role of residential mobility. *Social Indicators Research*, 104, 33–45.

Cohen, P. (2019, June 12). Long road to adulthood is growing even longer. *New York Times.*

Collins, W. A., and Laursen, B. (1992). Conflict and relationships during adolescence. In C. U. Shantz and W. W. Hartup (Eds.), *Cambridge studies in social and emotional development: Conflict in child and adolescent development*, 216–241). Cambridge: Cambridge University Press.

Collins, W. A., and Madsen, S. D. (2006). Close relationships in adolescence and early adulthood. In D. Perlman and A. Vangelisti (Fds.), *Handbook of personal relationships* (pp. 191–209). New York: Cambridge University Press.

Collins, W. A., Welsh, D. P., and Furman, W. (2009). Adolescent romantic relationships. *Annual Review of Psychology*, 60, 631–652.

Côté, J. E. (1996). Sociological perspective in identity formation: The culture-identity link and identity capital. *Journal of Adolescence*, 19, 417–428.

Damon, W. (2009). *The path to purpose: How young people find their calling in life.* New York: Free Press.

de Charms, R. (1968). *Personal causation.* New York: Academic Press.

Deci, E. L., and Ryan, R. M. (1985). *Intrinsic motivation and self-determination in human behavior.* New York: Plenum Press.

Deming, D. J. (2017). The growing importance of social skills in the labor market. *Quarterly Journal of Economics*, 132(4), 1593–1640.

Demir, M., Ozen, A., and Dogan, A. (2012). Friendship, perceived mattering and happiness: A study of American and Turkish college students.

Journal of Social Psychology, 152(5), 659–664.

Dhar, R. (1997). Consumer preference for a no-choice option. *Journal of Consumer Research*, 24, 215–231.

Dusselier, L., Dunn, B., Wang, Y., Shelley, M. C., II, and Whalen, D. F. (2005). Personal, health, academic, and environmental predictors of stress for residence hall students. *Journal of American College Health*, 54(1), 15–24.

Elliot, A. J., and Thrash, T. M. (2004). The intergenerational transmission of fear of failure. *Personality and Social Psychology Bulletin*, 30(8), 957–971.

Erb, S. E., Renshaw, K. D., Short, J. L., and Pollard, J. W. (2014). The importance of college roommate relationships: A review and systemic conceptualization. *Journal of Student Affairs Research and Practice*, 51(1), 43–55.

Erikson, E. H. (1963). *Childhood and society*. (2nd ed.). New York: W. W. Norton Company.

Erickson, E. H. (1968). *Identity, youth, & crisis*. New York: W. W. Norton Company.

Fass, M. E., and Tubman, J. G. (2002). The influence of parental and peer attachment on college students' academic achievement. *Psychology in the Schools*, 39, 561–573.

Feldman, D. B., Rand, K. L., and Kahle-Wrobleski, K. (2009). Hope and goal attainment: Testing a basic prediction of hope theory. *Journal of Social and Clinical Psychology*, 28, 479–497.

Fry, R. (2015). *Record share of young women are living with their parents, relatives*. Pew Research Center, https://www.pewresearch.org/fact-tank/2015/11/11/record-share-of-young-women-are-living-with-their-parents-relatives/.

Fry, R. (2016). *For first time in modern era, living with parents edges out other living arrangements for 18- to 34-year-olds*. Pew Research Center. https://www.pewsocialtrends.org/2016/05/24/for-first-time-in-modern-era-living-with-parents-edges-out-other-living-arrangements-for-18-to-34-year-olds/.

Furman, W., and Collins, W. A. (2009). Adolescent romantic

relationships and experiences. In K. H. Rubin, W. M. Bukowski, and B. Laursen (Eds.), *Social, emotional, and personality development in context. Handbook of peer interactions, relationships, and groups*, 341–360). New York: Guilford Press.

Gallup. (2016). *Gallup-Purdue index report 2016*. https://news.gallup.com/reports/199172/6.aspx.

Gardner, H., and Davis, K. (2013). *The App Generation: How today's youth navigate identity, intimacy, and imagination in a digital world*. New Haven, CT: Yale University Press.

Glaser, B. G. (1998). *Doing grounded theory—issues and discussions*. Mill Valley, CA: Sociology Press.

Glaser, B. G., and Strauss, A. (1967). *Discovery of grounded theory: Strategies for qualitative research*. Mill Valley, CA: Sociology Press.

Glick, P. C., and Carter, H. (1958). Marriage patterns and education level. *American Sociological Review*, 23(3), 294–300.

Goldin, C. D., and Katz, L. F. (2008). *The race between education and technology*. Cambridge, MA: Belknap Press of Harvard University Press.

Grigsby, M. (2009). *College life through the eyes of students*. Albany, NY: State University of New York Press.

Guan, S. A., and Fuligni, A. J. (2015). Changes in parent, sibling, and peer support during the transition to young adulthood. *Journal of Research on Adolescence*, 26(2).

Hall, G. S. (1904). *Adolescence: Its psychology and its relations to physiology, anthropology, sociology, sex, crime, religion, and education*. New York: D. Appleton.

Hansen, M. J., Trujillo, D. J., Boland, D. L., and MacKinnon, J. L. (2015). Overcoming obstacles and academic hope: An examination of factors promoting effective academic success strategies. *Journal of College Student Retention*, 16(1), 49–71.

Helwig, A. A. (2008). From childhood to adulthood: A 15-year longitudinal career development study. *The Career Development Quarterly*, 57, 38–50.

Hiester, M., Nordstrom, A., and Swenson, L. M. (2009). Stability and change in parental attachment and adjustment outcomes during the first semester transition to college life. *Journal of College Student Development*, 50(5), 521–538.

Higgins, M. C., and Thomas, D. A. (2001). Constellations and careers: Toward understanding the effects of multiple developmental relationships. *Journal of Organizational Behavior*, 22(3), 223–247.

Hofer, B. K., and Moore, A. S. (2010). *The iConnected parent: Staying close to your kids in college (and beyond) while letting them grow up*. New York: Free Press.

Hohnen, B., and Murphy, T. (2016). The optimum context for learning: Drawing on neuroscience to inform best practices in the classroom. *Educational & Child Psychology*, 33(1), 75–90.

Hollis, J. (1993). *The middle passage: From misery to meaning in midlife*. Toronto, ON: Inner City Books.

Hormuth, S. E. (1990). *The ecology of self: Relocation and self-concept change*. Cambridge, UK: Cambridge University Press.

IOM (Institute of Medicine) and NRC (National Research Council). (2014). *Investing in the health and well-being of young adults*. Washington, DC: The National Academies Press.

Iyengar, S. S., and Lepper, M. R. (2000). When choice is demotivating: Can one desire too much of a good thing? *Journal of Personality and Social Psychology*, 79(6), 995–1006.

Jackson, P. B., and Finney, M. (2002). Negative life events and psychological distress among young adults. *Social Psychology Quarterly*, 65(2), 186–201.

Johnson, M. R. (2017). Understanding college students' civic identity development: A grounded theory. *Journal of Higher Education Outreach and Engagement*, 21(3), 31–60.

Johnson, V. K., Gans, S. E., Kerr, S., and LaValle, W. (2010). Managing the transition to college: Family functioning, emotion coping, and adjustment in emerging adulthood. *Journal of College Student Development*, 51(6), 607–621.

Jones, S. R., and Abes, E. A. (2013). *Identity development of college students: Advancing frameworks for multiple dimensions of identity*. San Francisco: John Wiley & Sons.

Jordan, J. V., Kaplan, A. G., Miller, J. B., Stiver, I. P., and Surrey, J. L. (1991). *Women's growth in connection*. New York: Guilford.

Jung, C. G. (1966). *The collected works of C. G. Jung—Two essays on analytical psychology*. London: Routledge.

Jung, C. G. (1971). *The collected works of C. G. Jung—Psychological styles*. London: Routledge.

Kanter, M., Afifi, T., and Robbins, S. (2012). The impact of parents "friending" their young adult child on Facebook on perceptions of parental privacy invasions and parent-child relationship quality. *Journal of Communication*, 62, 900–917.

Kaplan, A., and Garner, J. K. (2017). A complex dynamic systems perspective on identity and its development: The dynamic systems model of role identity. *Developmental Psychology*, 53(11), 2036–2051.

Keup, J. R. (2007). Great expectations and the ultimate reality check: Voices of students during the transition from high school to college. *NASPA Journal*, 44(1), 3–31.

Kim, J. G., and Lee, K-H. (2019). Major incongruence and occupational engagement: A moderated mediation model of career distress and outcome. *Frontiers in Psychology*, 10, 18.

Kloep, M., and Hendry, L. B. (2010). Letting go or holding on? Parents' perceptions of their relationships with their children during emerging adulthood. *British Journal of Developmental Psychology*, 28, 817–834.

Koepke, S., and Denissen, J. J. A. (2012). Dynamics of identity development and separation-individuation in parent-child relationships during adolescence and emerging adulthood—A conceptual integration. *Developmental Review*, 32, 67–88.

Kroger, J. (1997). Gender and identity: The intersection of structure, content, and context. *Sex Roles*, 36, 247–270.

Kroger, J. (2007). Why identity achievement is so elusive? *Identity: An International Journal of Theory and Research*, 7, 331–348.

Kroger, J., Martinussen, M., and Marcia, J. E. (2010). Identity status change during adolescence and young adulthood. *Journal of Adolescence*, 33, 683–698.

Krumboltz, J. D. (2009). The happenstance learning theory. *Journal of Career Assessment*, 17(2), 135–154.

Krumboltz, J. D., Foley, P. F., and Cotter, E. W. (2013). Applying the happenstance learning theory to involuntary career transition. *Career Development Quarterly*, 61, 15–26.

Kunnen, E. S., Sappa, V., van Geert, P. L. C., and Bonica, L. (2008). The shapes of commitment development in emerging adulthood. *Journal of Adult Development*, 15, 113–131.

Kyle, G. T., Jun, J., and Absher, J. D. (2014). Repositioning identity in conceptualizations of human-place bounding. *Environment and Behavior*, 46(8), 1018–1043.

Lapsley, D. K., and Edgerton, J. (2002). Separation-individuation, adult attachment style, and college adjustment. *Journal of Counseling and Development*, 80, 484–492.

Laursen, B., and Collins, W. A. (2009). Parent-child relationships during adolescence. In R. M. Lerner and L. Steinberg (Eds.), *Handbook of adolescent psychology: Contextual influences on adolescent development* (3rd ed., Vol. 2, 3–42). Hoboken, NJ: John Wiley & Sons.

Lefkowitz, E. S. (2005). "Things have gotten better": Developmental changes among emerging adults after the transition to university. *Journal of Adolescent Research*, 20, 40–63.

Lent, R. W., Morris, T. R., Penn, L. T., and Ireland, G. W. (2019). Social-cognitive predictors of career exploration and decision-making: Longitudinal test of the career self-management model. *Journal of Counseling Psychology*, 66(2), 184–194.

Liang, B., Lund, T. J., Mousseau, A. M. D., and Spencer, R. (2016). The mediating role of engagement in mentoring relationships and self-esteem among affluent adolescent girls. *Psychology in the Schools*, 53(8), 848–860.

Liang, B., Tracy, A., Taylor, C. A., Williams, L. M., Jordan, J. V., and Miller, J. B. (2002). The Relational Health Indices: A study of women's relationships. *Psychology of Women Quarterly*, 26, 25–35.

Lindell, A. K., Campione-Barr, N., and Killoren, S. E. (2017). Implications of parent-child relationships for emerging adults' subjective feelings about adulthood. *Journal of Family Psychology*, 31(7), 810–820.

Liu, A., Sharkness, J., and Pryor, J. H. (2008). *Findings from the 2007 administration of your first college year (YFCY): National aggregates.* Higher Education Research, University of California, Los Angeles.

Livingstone, S. (2008). Taking risky opportunities in youthful content creation: Teenagers' use of social networking sites for intimacy, privacy and selfexpression. *New Media & Society*, 10, 393–411.

Long, L. D. (2012). Unchallenged, professed core values: Do undergraduate fraternity/sorority members actually benefit in the areas of scholarship, leadership, service, and friendship? *College Student Affairs Journal*, 30(2), 15–30.

Lopez, F. G. (1991). Patterns of family conflict and their relation to college student adjustment. *Journal of Counseling and Development*, 69, 257–260.

Luengo Kanacri, B. P., Pastorelli, C., Eisenberg, N., Zuffianò, A., and Caprara, G. V. (2013). The development of prosociality from adolescence to early adulthood: The role of effortful control. *Journal of Personality*, 81, 302–312.

Lund, T. J., Liang, B., Konowitz, L., White, A. E., and Maousseau, A. D. (2019). Quality over quantity? Mentoring relationships and purpose development among college students. *Psychology in the Schools*, 56, 1472–1481.

Luthar, S. S., Barkin, S., and Crossman, E. J. (2013). "I can, therefore I must": Fragility in the upper-middle classes. *Development and Psychopathology*, 25, 1529–1549.

Marcia, J. E. (1966). Development and validation of ego—identity status. *Journal of Personality and Social Psychology*, 3, 551–558.

Marwick, A. E., and boyd, d. (2011). I tweet honestly, I tweet passionately: Twitter users, context collapse, and the imagined audience. *New Media & Society*, 13, 114–133.

Meeus, W. (2010). The study of adolescent identity formation 2000–

2010: A review of longitudinal research. *Journal of Research on Adolescence*, 21(1), 75–94.

Metz, E., McLellan, J., and Youniss, J. (2003). Types of voluntary service and adolescents' civic development. *Journal of Adolescent Research, 18*, 188–203.

Metzger, A., and Smetana, J. G. (2010). Social cognitive development and adolescent civic engagement. In L. Sherrod, C. Flanagan, and J. Torney-Purta (Eds.), *Handbook research on civic engagement in youth*, 221–248. Hoboken, NJ: John Wiley & Sons.

Minuchin, S. (1974). *Families and family therapy*. Cambridge, MA: Harvard University Press.

Montemayor, R. (1983). Parents and adolescents in conflict: All families some of the time and some families most of the time. *Journal of Early Adolescence*, 3 (1–2), 83–103.

Montemayor, R. (1986). Family variation in parent-adolescent storm and stress. *Journal of Adolescent Research*, 1(1), 15–31.

Monto, M. A., and Carey, A. G. (2014). A new standard of sexual behavior? Are claims associated with the "hookup culture" supported by general social survey data? *Journal of Sex Research*, 51(6), 605–615.

Morgan, E. M., and Korobov, N. (2012). Interpersonal identity formation in conversations with close friends about dating relationships. *Journal of Adolescence*, 35(6), 1471–1483.

Morgan, E. M., Thorne, A., and Zurbriggen, E. L. (2010). A longitudinal study of young adults' conversations with parents about sex and dating during college. *Developmental Psychology*, 46, 139–150.

National Academies of Sciences, Engineering, and Medicine. (2019). *The promise of adolescence: Realizing opportunities for all youth*. Washington, DC: The National Academies Press.

Nauta, M. M. (2012). Temporal stability, correlates, and longitudinal outcomes of career indecision factors. *Journal of Career Development*, 39(6), 540–558.

Netting, N. S., and Reynolds, M. K. (2018). Thirty years of sexual behaviour at a Canadian university: Romantic relationships, hooking up, and sexual choices. *Canadian Journal of Human Sexuality*, 27(1), 55–68.

Nowarkowki, R. S. (2006). Stable neuron numbers from cradle to grave. *Proceedings of the National Academy of Science of the United States of America*, 103(33), 12219–12220.

Oswald, D. L., and Clark, E. M. (2003). Best friends forever? High school best friendships and the transition to college. *Personal Relationships*, 10, 187–196.

Park, H., Twenge, J. M., and Greenfield, P. M. (2014). The great recession: Implications for adolescent values and behavior. *Social Psychological and Personality Science*, 5, 310–318.

Parker, K., and Stepler, R. (2017, September 14). *As U. S. marriage rate hovers at 50%, education gap in marital status widens*. Pew Research Center. https://www.pewresearch.org/fact-tank/2017/09/14/as-u-s-marriage-rate-hovers-at-50-education-gap-in-marital-status-widens/.

Parker, P. D., Ludtke, O., Trautwein, U., and Roberts, B. W. (2012). Personality and relationship quality during the transition from high school to early adulthood. *Journal of Personality*, 80, 1061–1089.

Parra, A., Oliva, A., and Reina, M. (2015). Family relationships from adolescence to emerging adulthood: A longitudinal study. *Journal of Family Issues*, 36(14), 2002–2020.

Paul, E. L., and Brier, S. (2001). Friendsickness in the transition to college: Precollege predictors and college adjustment correlates. *Journal of Counseling and Development*, 79, 77–89.

Perlman, D., and Peplau, L. A. (1981). Toward a social psychology of loneliness. In S. W. Duck and R. Gilmour (Eds.), *Personal relationships in disorder*. London: Academic Press.

Perry, W. G. (1999). *Forms of ethical and intellectual development in the college years: A scheme*. San Francisco: Jossey-Bass Publishers.

Petanjek, Z., Judaš, M., Šimić, G., Rašin M. R., Uylings, H. B., Rakic, P., and Kostović, I. (2011). Extraordinary neoteny of synaptic spines in the human prefrontal cortex. *Proceedings of the National Academy of Sciences of the United States of America*, 108(32), 13281–13286.

Peterson, C. (1985). Learned helplessness: Fundamental issues in theory and research. *Journal of Social and Clinical Psychology*, 3(2), 248–254.

Pew Research Center. (2013, August 1). *A rising share of young adults live in their parents' home.* Pew Research Center Social & Demographic Trends. https://www.pewsocialtrends.org/2013/08/01/a-rising-share-of-young-adults-live-in-their-parents-home/.

Piaget, J. (1970). Piaget's theory. In P. Mussen (Ed.), *Carmichael's manual of child psychology.* (3rd ed.). New York: John Wiley.

Pittman, L. D., and Richmond, A. (2008). University belonging, friendship quality, and psychological adjustment during the transition to college. *Journal of Experimental Education*, 76(4), 343–362.

Porter, M. E., and Rivkin, J. W. (2012, March). The looming challenge to U.S. competitiveness. *Harvard Business Review*, 90(3), 54–61.

Porter, S. R., and Umbach, P. D. (2006). College major choice: An analysis of person-environment fit. *Research in Higher Education*, 47, 429–449.

Qualter, P., Vanhaist, J., Harris, R., Van Roekel, E., Lodder, G., Bangee, M., Maes, M., and Verhagen, M. (2015). Loneliness across the life span. *Perspectives in Psychological Science*, 10(2), 250–264.

Rand, K. L. (2009). Hope and optimism: Latent structures and influences on grade expectancy and academic performance. *Journal of Personality*, 77(1), 231–260.

Reis, H. T., Lin, Y., Bennett, M. E., and Neziek, J. B. (1993). Change and consistency in social participation during early adulthood. *Developmental Psychology*, 94(4), 633–645.

Renn, K. A., and Arnold, K. D. (2003). Reconceptualizing research on college student peer culture. *Journal of Higher Education*, 3, 261–291.

Robinson, O. C., and Smith, J. A. (2010). The stormy search for self in early adulthood: Developmental crisis and the dissolution of dysfunctional personae. *The Humanistic Psychologist*, 38, 120–145.

Sanford, N. (1967). *Where colleges fail: A study of the student as a person.* San Francisco: Jossey-Bass.

Scabini, E. (2000). New aspects of family relations. In C. Violato and E. Oddone-Paolucci (Eds.), *The changing family and child development*, 3–24.

Aldershot, UK: Ashgate.

Scabini, E., Marta, E., and Lanz, M. (2006). *The transition to adulthood and family relations*. New York: Psychology Press.

Schulenberg, J. E., and Schoon, I. (2012). The transition to adulthood across time and space: Overview of special section. *Longitudinal and Life Course Studies*, 3(2), 164–172.

Schwartz, B. (2000). Self-determination: The tyranny of freedom. *American Psychologist*, 55, 79–88.

Seiffge-Krenke, I. (2013). "She's leaving home...": Antecedents, consequences, and cultural patterns in the leaving home process. *Journal of Emerging Adulthood*, 1(2), 114–124.

Settersten, R. A. (2007). Passages to adulthood: Linking demographic change and human development (Le passage à l'âge adulte: Le changement démographique en relation avec le développement humain). *European Journal of Population*, 23 (3/4), 251–272.

Settersten, R. A., and Ray, B. (2010). What's going on with young people today? The long and twisting path to adulthood. *The Future of Children*, 20(1), 19–41.

Shafir, E., Simonson, I., and Tversky, A. (1993). Reason-based choice. *Cognition*, 49, 11–36.

Shanahan, M. J. (2000). Pathways to adulthood in changing societies: Variability and mechanisms in life course perspective. *Annual Review of Sociology*, 26(1), 667–692.

Smetana, J. G. (2011). *Adolescents, families, and social development: How teens construct their worlds*. Hoboken, NJ: Wiley-Blackwell.

Smetana, J., Daddis, C., and Chuang, S. (2003). "Clean your room!": A longitudinal investigation of adolescent-parent conflict and conflict resolution in middle-class African American families. *Journal of Adolescent Research*, 18(6), 631–650.

Snyder, C. R. (1995). Conceptualizing, measuring, and nurturing hope. *Journal of Counseling and Development*, 73, 355–360.

Snyder, C. R. (2002). Hope Theory: Rainbows in the mind. *Psychological Inquiry*, 13(4), 249–275.

Snyder, C. R., Shorey, H. S., and Rand, K. L. (2008). Using hope theory to teach and mentor academically at-risk students. In W. Bukist and F. G. Davis (Eds.), *Teaching of psychology*, 170–174. Oxford: Blackwell.

Snyder, C. R., Sympson, S. C., Michael, S. T., and Cheavens, J. (2000). The optimism and hope constructs: Variants on a positive expectancy theme. In E. C. Chang (Ed.), *Optimism and pessimism*, 103–124. Washington, DC: American Psychological Association.

Snyder, T. D. (1993). *120 years of American education: A statistical portrait*. National Center for Education Statistics. https://nces.ed.gov/pubs93/93442.pdf.

Steinberg, L. (2001). We know some things: Parent-adolescent relationships in retrospect and prospect. *Journal of Research in Adolescence*, 11(1), 1–19.

Steinberg, L. (2014). *Age of opportunity: Lesson from the new science of adolescence*. Boston: Houghton Mifflin Harcourt.

Stephenson-Abetz, J., and Holman, A. (2012). Home is where the heart is: Facebook and the negotiation of "old" and "new" during the transition to college. *Western Journal of Communication*, 76, 175–193.

Stetka, B. (2017, September 19). Extended adolescence: When 25 is the new 18. *Scientific American*.

Stevens, A. (1991). *On Jung*. London: Penguin Books.

Strada-Gallup. (2018). *2018 Strada-Gallup Alumni Survey: Mentoring college students to success*. Washington, DC. https://news.gallup.com/reports/244031/2018-strada-gallup-alumni-survey-mentoring-college-students.aspx.

Strauss, A. L., and Corbin, J. (1998). *Basics of qualitative research: Techniques and procedures for developing grounded theory*. (2nd ed.). London: Sage Publications.

Swenson, L. M., Nordstrom, A., and Hiester, M. (2008). The role of peer relationships in adjustment to college. *Journal of College Student Development*, 49(6), 551–567.

Tanner, J. (2006). Recentering during emerging adulthood: A critical turning point in life span human development. In J. Arnett and J. Tanner

(Eds.), *Emerging adults in America: Coming of age in the 21st century* (pp. 21–25). Washington, DC: American Psychological Association.

Timmermans, D. (1993). The impact of task complexity on information use in multi-attribute decision making. *Journal of Behavioral Decision Making*, 6, 95–111.

Tognoli, J. (2003). Leaving home: Homesickness, place attachment, and transition among residential college students. *Journal of College Student Psychotherapy*, 18(1), 35–48.

Tsai, K. M., Telzer, E. H., and Fuligni, A. J. (2013). Continuity and discontinuity in perceptions of family relationships from adolescence to young adulthood. *Child Development*, 84(2), 471–484.

Twenge, J. M., and Campbell, W. K. (2010). Birth cohort differences in the monitoring the future dataset and elsewhere: Further evidence for Generation Me—commentary on Trzesniewski & Donnellan. *Perspectives on Psychological Science*, 5(1), 81–88.

US Bureau of Labor Statistics (2016). *TED: The economics daily*. https://www.bls.gov/opub/ted/2017/69-point-7-percent-of-2016-high-school-graduates-enrolled-in-college-in-october-2016.htm.

US Census Bureau (2019a). *Historical marital status tables*. Retrieved June 23, 2020, from https://www.census.gov/data/tables/time-series/demo/families/maritalstatus.

US Census Bureau (2019b). *Median age at first marriage: 1890 to present* [graph]. Retrieved January 3, 2020, from https://www.census.gov/content/dam/Census/library/visualizations/time-series/demo/families-and-households/ms-2.pdf.

US Census Bureau (2019c). *Percentage of the U.S. population who have completed four years of college or more from 1940–2018, by gender* [graph]. *Statista*. Retrieved September 17, 2019, from https://www.statista.com/statistics/i84272/educational-attainment-of-college-diploma-or-higher-by-gender/.

US Department of Defense. (2019). *75 Years of the G.I. Bill: How transformative it has been*. https://www.defense.gov/explore/story/Article/1727086/75-years-of-the-gi-bill-how-transformative-its-been/.

van der Gaag, M. E. E., Albers, C. J., and Kunnen, S. (2017). Micro-level mechanisms of identity development: The role of emotional experiences in commitment development. *Developmental Psychology*, 53(11), 2205–2217.

Waterman, A. S. (1993). Developmental perspectives in identity formation: From adolescence to adulthood. In J. E. Marcia, A. S. Waterman, D. R. Matteson, S. L. Archer, and J. L. Orlofsky (Eds.), *Ego identity: A handbook for psychology research* (pp. 42–68). New York: Springer-Verlag.

Whillans, A. V., Christie, C. D., Cheung, S., Jordan, A. H., and Chen, F. S. (2017). From misperception to social connection: Correlates and consequences of overestimating others' social connectedness. *Personality & Social Psychology Bulletin*, 43(12), 1696–1711.

Whiteman, S. D., McHale, S. M., and Crouter, A. C. (2011). Family relationships from adolescence to early adulthood: Changes in the family system following firstborns' leaving home. *Journal of Research on Adolescence*, 21, 461–474.

Wray-Lake, L., Crouter, A, C., and McHale, S, M. (2010). Developmental patterns in decision-making autonomy across middle childhood and adolescence: European American parents' perspectives. *Child Development*, 81(2), 636–651.

Wray-Lake, L., Schulenberg, J., Keyes, K. M., and Shubert, J. (2017). The developmental course of community service across the transition to adulthood in a national U.S. sample. *Developmental Psychology*, 53(12), 2397–2408.

Wright, K. B., and Patterson, B. R. (2006).Socioemotional selectivity theory and the macrodynamics of friendship: The role of friendship style and communication in friendship across the lifespan. *Communication Research Reports*, 23(3), 163–170.

Yang, C. (2018). Social media as more than a peer space: College freshmen encountering parents on Facebook. *Journal of Adolescent Research*, 33(4), 442–469.

Yang, N., Yaung, H., Noh, H., Jang, S. H., and Lee, B. (2017). The change of planned happenstance skills and its association with career-related variables during school-to-work transition. *International Journal of*

Vocational Guidance, 17, 19–38.

Yates, M., and Youniss, J. (1998). Community service and political identity development in adolescence. *Journal of Social Issues*, 54(3), 495–512.

致　谢

我们想要向分享了自己故事的哈佛大学 1975 届学生参与者表达深深的谢忱。

我们感谢威廉·佩里及其团队，他们不仅在 20 世纪 70 年代放弃这项研究之前对这些访谈进行了部分编码，还具有远见，为后人精心保存了数据与注释。此外，我们感谢 BSC 保存了这些数据，提供了访问权限、见解以及资金来支持这项工作。我们特别感谢 BSC 主任阿比盖尔·利普森（Abigail Lipson），她分享了我们对这个课题的热情，并看到了进行这项研究的价值。

我们感谢哈佛大学档案馆允许我们查阅时间久远、几乎被遗忘的文件，感谢哈佛媒体制作中心按照数据协议的保密要求对音频文件进行了数字化处理，使我们的研究得以进行。

我们对于所获得的用以完成这项工作的资金表示特别感谢。哈佛教育学院研究生院时任院长詹姆斯·瑞安（James Ryan）通过院长暑期奖学金对亚历克西丝最初的研究给予了支持。BSC 为资料的数字化提供了资金支持，并为亚历克西丝在哈佛大学档案馆的工作提供了研究奖学金。

感谢乔纳森·维查德（Jonathan Whichard）提供的技术支持与伊莱·普伦克（Eli Plenk）在档案研究方面的支持。

最后，如果没有我们的家人与亲近好友的支持，这项工作会失色不少。

亚历克西丝感谢她的父母，谢丽（Cheri）与理查德（Richard），他们的爱与支持为她的工作提供了动力。感谢艾米丽·韦恩斯坦（Emily Weinstein）和詹妮弗·佐罗特（Jenifer Zolot），二位分享了她对这个项目的热情，并在整整五年的旅程中给予了鼓励。最后，她想特别感谢她的学生，当他们进入学生事务与高等教育管理领域时，他们将这本书的发现融入自己的职业生涯，以此向我们的访谈参与者表达了敬意。

南希感谢霍普·马布里（Hope Mabry）对于书籍的共同热爱，以及对早期草稿的仔细阅读与思考。感谢她的孩子们：她的女儿泰勒（Taylor），在我们眼前经历了大学生活，以及儿子西奥（Theo），他的大学生活还在遥远的未来，但他仍然为我们提供了启发。最重要的是，感谢她的丈夫伦德尔（Rendall）在我们完成这项工作的过程中给予了爱、鼓励与理解。

图书在版编目(CIP)数据

与青春的漫长告别 ：重拾晚熟的艺术 /（美）南希
• E. 希尔,（美）亚历克西丝 • 雷丁著 ；方琪译. 一 上
海 ：格致出版社 上海人民出版社，2024.8
ISBN 978 - 7 - 5432 - 3563 - 2

Ⅰ.①与… Ⅱ.①南… ②亚… ③方… Ⅲ.①社会心
理学-研究 Ⅳ.①C912.6 - 0

中国国家版本馆 CIP 数据核字(2024)第 074052 号

责任编辑 程筠函 刘佳琪
装帧设计 钟 颖

与青春的漫长告别:重拾晚熟的艺术

[美]南希 • E. 希尔 亚历克西丝 • 雷丁 著
方 琪 译

出 版 格致出版社
　　　　上海人民出版社
　　　　(201101 上海市闵行区号景路 159 弄 C 座)
发 行 上海人民出版社发行中心
印 刷 上海盛通时代印刷有限公司
开 本 890×1240 1/32
印 张 9
字 数 204,000
版 次 2024 年 8 月第 1 版
印 次 2024 年 8 月第 1 次印刷
ISBN 978 - 7 - 5432 - 3563 - 2/C • 311
定 价 65.00 元